希波战争

文明冲突与波斯帝国世界霸权的终结

[英] G.W.考克斯 著　　刘满芸 译

The Greeks & the Persians

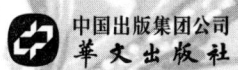
中国出版集团公司
华文出版社

图书在版编目（CIP）数据

希波战争：文明冲突与波斯帝国世界霸权的终结 /
(英) G.W.考克斯著；刘满芸译. -- 北京：华文出版社，
2018.11（2019.12重印）

（华文全球史）

ISBN 978-7-5075-4985-0

Ⅰ.①希… Ⅱ.①G… ②刘… Ⅲ.①希波战争—战争史 Ⅳ.①K125

中国版本图书馆CIP数据核字(2018)第235420号

希波战争：文明冲突与波斯帝国世界霸权的终结

| 作　　者：[英] G.W.考克斯
| 译　　者：刘满芸
| 选题策划：韩 盛世
| 插图供应：029—85504182
| 责任编辑：陈红升
| 出版发行：华文出版社
| 社　　址：北京市西城区广外大街305号8区2号楼
| 邮政编码：100055
| 网　　址：http://www.hwcbs.com.cn
| 电　　话：总编室010—58336239
| 　　　　　发行部010—58336212
| 经　　销：新华书店
| 印　　刷：三河市国英印务有限公司
| 开　　本：710×1000　1/16
| 印　　张：18
| 字　　数：230千字
| 版　　次：2019年1月第1版
| 印　　次：2019年12月第2次印刷
| 标准书号：ISBN 978-7-5075-4985-0
| 定　　价：75.00元

版权所有　侵权必究

出版前言

随着中国开放的大门越开越大,关注世界各国尤其是西方国家文明的源流、发展和未来已经成为当下世界史研究的一个热点,为了成系统地推出一套强调"史源性"且在现有世界史出版物中具有拾遗补阙价值的作品,我们经过认真论证,推出了"华文全球史"系列,首次出版约为一百个品种。

"华文全球史"系列从书目选择到人名地名的规范,从书稿中图片的采用到译者的确定,都有比较严格的遴选规定、编审要求和成稿检查,目的就是要奉献给读者一套具有学术性、权威性的高质量的世界史系列图书。

书目的选择。本系列图书重视世界史学科建设,视角宽阔,层级明晰,数量均衡,有所突出。计划出版的华文全球史中,既有通史,也有专题史,还有回忆录,基本上是世界历史著作中的上乘之作,同时也是填补国内同类作品出版的空白。

人名地名规范。本系列图书中人名地名,译名规范,重视专业性。同时,在人名翻译方面,我们坚持"姓名皆全"的原则,加大考据力度,从而实现了有姓必有名,有名必有姓,方便了读者的使用。另外,在注释方面,书中既有原书注,完整地保留了原著中的注释;也有译者注,体现了译者的研究性成果。

书中的插图。本系列图书的一个重要特征是书中都有功能性插图，这些插图全方位、多层次、宽视角反映当时重大历史事件、或与事件的场景密切相关，涉及政治、军事、经济、社会、外交、人物、地理、民俗、生活等方面的绘画作品与摄影作品。全景插图与文字结合，赋予文字视觉的艺术，增加了文字的内涵。

译者的确定。本系列图书的翻译主要凭借的是一个以大学教师为主的翻译团队，团队中不乏知名教授和相关领域的资深人士。他们治学严谨，译笔优美，为确保质量奉献良多。

"华文全球史"系列作为一套具有较高学术价值的优秀的世界历史丛书，对增加读者的知识，开阔读者的视野，具有积极的意义。但也要看到，很多西方历史学家虽然也包含着一些正确的即符合事实的观点，但很多都存在错误的历史观，甚至还有较多的史实的歪曲，对于这些，我们希望读者不要不加分析地对它们全盘接受或全盘否定，而是要批判地吸收外国文化中有益的东西。

华文出版社

2019 年 8 月

译者序

喧场已成荒台,历史已入尘埃!古老而伟大的希波战争留给我们难以抹去的记忆!作者G.W.考克斯(1827—1902)是英国优秀的历史学家。他的代表作《希波战争文明冲突与波斯帝国世界霸权的终结》为我们展示了一幅约公元前560年至公元前478年希腊与波斯之间发生的一系列大大小小的陆战和海战,叙事宏大,如史诗般壮观。G.W.考克斯以时间、事件、王朝、人物等多线条的叙事方式,描绘了希波战争的壮阔图景,史料翔实,鞭辟入里。从希腊文明的起源与成长到迅速传播,从希腊各部落到希腊城邦的兴起,从希腊城邦的政治孤立到希腊民族的政治联盟,从希腊社会的传统节俗到希腊社会的国民教育及由此产生的民族性和希腊哲学,观点无不新颖。这个伟大的民族从远古走来,从家族到氏族,从氏族到部落,从部落到城邦;从模糊到清晰,从古朴到多元,从野蛮到文明,为西方现代文明社会奠定了制度性基础。

《希波战争文明冲突与波斯帝国世界霸权的终结》全方位、多层次地展现了文明冲突与波斯帝国世界霸权终结的历史。从居鲁士二世、冈比西斯二世到大流士一世、薛西斯一世,波斯帝国几十年苦心经营,使四方臣服，其版图已经延伸到尼罗河大瀑布和爱琴海沿岸及周围各个岛屿。这时，与希腊的冲突就不可避免了。最终，雅典人的意志和精神，辅以斯巴达人的刚强和铁纪，挫败了波斯帝国建立世界霸权的野心。历史昭示了人类征服欧洲并非波斯君主心中的壮丽美景，而只是他们自欺欺人的欲望和幻觉罢了。

刘满芸

2018 年 6 月 8 日

原 序

在希罗多德的著作中，希波战争史被描述为一部世界史。在波斯帝国与唯一能与其抗衡的军事力量产生冲突之前，许多部落和民族就已不断被纳入其辽阔的版图中。在探寻这些部落和民族的命运轨迹的过程中，详细、生动而丰富的叙事无处不在。这大概源于这样一个事实：无论希腊部落还是与其邻近的东西方部落，尚无书面历史存在。

在本书中，那些非希腊的民族只是在其与希腊部落的历史相关联时才被提到，或者他们的部落特性能够说明希腊与那些他们认为是异族或野蛮部落的姻亲关系时才被提到。

随着波斯陆军在普拉提亚、海军在麦凯莱的两场战役中溃败，希波战争实际上已经结束。在讲述这段东方的专制主义与西方的自由、法制之间的伟大斗争时，我竭力挖掘线索。这些线索尽管有时很微弱，但从未中断，这使我们能够检验故纸堆，并或多或少清晰地了解历史真相。简而言之，我始终努力要做的是，证明历史在何种程度上是可以被信赖的，而不是在何等数量上是不确定或虚构的。毫无疑问，书中有些故事无法证实，有些实际上已被证伪。在我呈现给读者的诸多事实中，读者可以依此形成自己对诸事的判断。不过，有必要指出，马拉松战役和利奥尼达斯进军瑟莫皮莱前前后后那些事件的轨迹，本书只是依据希罗多德本人的叙述来确定的。那么，以此呈现的历史就对各派斗争的动机，以及主要由雅典人的实力和英雄主义所决定的斗争的起源和性质，都投下了极其充分而清晰的光芒。

这场影响深远的希波战争史构成了我的《希腊史》第一卷中的一部分基础。有些材料已被重新组织，其中很大一部分历史内容也从不同视角呈现。我对其中最引人注目、将雅典引向帝国道路的那些历史场景和人物尽量给予充分的描述。我感觉我无法以别的方式更清楚、更有力地描述这场战争。任何试图贬低青年读者阅读能力的尝试都是完全没有必要的，因为生动的历史画面和激动人心的史实，对年轻人和老年人具有同样的震撼力。

关于希腊名称的拼读，特做此说明：本书无意改变希腊名称的拼写，因为它们已经体现英语拼写形式的纯正延续，比如，雅典、底比斯、科林斯、色雷斯等，这样的情况多一些该多好！

书中保留了拉丁语的拼写形式，这对以英语为母语的人来说再熟悉不过，要改变拼法反倒会不舒服。比如：修昔底德、居鲁士等。其实，这些姓氏既非纯粹的拉丁语也非纯粹的希腊语，所以无论采用拉丁语拼写还是希腊语拼写，都没有比较意义。也许还原成波斯语形式，将 Hystaspes（希斯塔斯佩斯）拼写为 Gustashp（古斯塔什）对历史研究者会更有益。

但这些特殊之处并不影响采用希腊语拼写形式的基本原则，既实用又可取。上述拼写原则贯穿于本书所有的相关事例。对广大的英语读者群体来说，事例中的名称和人物可能不熟悉。因此，虽然我们依然在说 Alexander the Great（亚历山大大帝），但他模糊的祖先的名字也许就拼写为 Aleuandros（亚历昂德罗斯）。

亚历山大大帝

从大多数近期希腊历史著述的做法来看，普遍采用希腊语拼写形式虽然不能说很有必要，至少可以说是公平的。无须赘述，采用希腊语拼写形式有助于拉丁词语在英语中的发音转变，这是当前大部分杰出学者声称的可取的方法。只要以拉丁语形式提到弗里吉亚的小城镇，青年读者就极有可能读成希腊语中的"月亮"一词，从而很熟悉希腊语 Kelainai 的拼写形式，知道希腊语的发音实际上与真正的拉丁语发音没什么区别，即 C 和 K 的发音是一样的，双元音 ai 和我们发 fail 中的 ai 一样，oi 和 ei 和我们发 sheen 中的 ee 是一样的。

目 录

第 1 章 希腊文明的崛起与壮大 / 001

东方历史的共性——迅速扩张的波斯帝国——向西扩张的波斯帝国——希腊民族的政治成长——孤立的希腊城邦——早期的希腊文明——希腊城邦的宗教特征——公民权的障碍——城邦：希腊社会的终极单元——希腊人的国民性——希腊人与东方帝国臣民——节日对希腊人的训教——希腊哲学的诞生

第 2 章 希腊人的定居与管理 / 023

希腊的地域范围——希腊北部的地貌——伯罗奔尼撒地貌——希腊的海岸线——塞萨利人——彼奥提亚人——斯巴达人——斯巴达宪法——斯巴达的人口构成——斯巴达的军事制度——希腊人的殖民个性——希腊人殖民意大利和西西里——科林斯与科尔基拉——伊庇鲁斯人及希腊北部部落——爱琴海北岸的希腊居民——亚洲的希腊人——亚洲少数族裔的地理分布——吕底亚王国

第 3 章　居鲁士二世、冈比西斯二世和大流士一世统治下的波斯帝国 / 051

居鲁士二世与阿斯提阿格斯——米底亚王国——米底亚、吕底亚王国和亚述帝国——米底亚人——波斯的疆域——吕底亚王国与亚洲的希腊人——克洛伊索斯与居鲁士二世之战——克洛伊索斯的成败——克洛伊索斯当政的各种说法——克洛伊索斯之后的亚洲少数部落——居鲁士二世远征巴比伦——巴比伦沦陷——居鲁士二世之死和冈比西斯二世入侵埃及——埃及之母：尼罗河——埃及人——埃及向希腊人敞开大门——尼科二世、阿玛西斯和萨米尼特斯统治时期——波斯征服埃及——冈比西斯二世远征埃塞俄比亚和大沙漠失败——冈比西斯二世远征迦太基失败——冈比西斯二世谢幕——贝希斯敦——米底亚和巴比伦暴动——波利克雷蒂斯专制统治下的萨摩斯——大流士一世统治下的波斯帝国——迪莫基兹——大流士一世远征塞西亚——色雷斯人臣服于大流士一世

第 4 章　梭伦、庇西特拉图和克里斯提尼时期的雅典 / 107

希腊的世袭君主制——希腊暴政的渊源——早期的雅典人——梭伦改革带来的社会新阶层——梭伦司法改革——庇西特拉图叛乱（前 560 年）——庇西特拉图政权的建立——庇西特拉图儿子们的专制统治——雅典人驱逐希庇亚斯——克里斯提尼改革——新部落——陶片放逐制——贵族寡头伊萨格拉斯的反扑——从雅典到撒尔迪斯的外交纵横——希庇亚斯难回斯巴达——克里昂米尼一世战败于埃莱夫西纳——希庇亚斯受邀参加斯巴达同盟大会——希庇亚斯返回西吉昂

第 5 章　爱奥尼亚暴动 / 133

希庇亚斯在撒尔迪斯的图谋——从雅典到阿特弗尼斯的外交记事——阿里斯塔格拉斯抗击波斯王的暴动——阿里斯塔格拉斯出使斯巴达和雅典——火烧撒尔迪斯——暴动蔓延至拜占庭以及其他一些

目录

城市——塞浦路斯与卡里亚暴动——爱奥尼亚舰队战败于莱德岛——亚洲希腊人的分裂与懦弱——米利都沦陷（前495年）——爱奥尼亚第三次被征讨——米提亚德退守雅典

第6章 达蒂斯与阿特弗尼斯远征希腊 / 151

阿特弗尼斯主政爱奥尼亚——公元前493年马多尼奥斯施政——马多尼奥斯在色雷斯遭遇尴尬——大流士一世使出使希腊——阿尔戈斯与斯巴达之战——达蒂斯和阿特弗尼斯远征纳克索斯与埃雷特里亚——波斯人登陆马拉松——阿里斯蒂德和蒂米斯托克利——波斯人备战马拉松——普拉提亚与雅典结盟——希庇亚斯与波斯人的真正意图——雅典人进军马拉松——马拉松平原——雅典人凯旋——马拉松战役的伟大意义——马拉松战役中的传统元素——大流士一世谢幕——埃尔克梅尼德家族受到指控——米提亚德远征帕罗岛——米提亚德受审与死亡——米提亚德事件中雅典人的行为

第7章 薛西斯一世入侵希腊 / 183

薛西斯一世远征——备战欧洲——薛西斯一世从索萨向撒尔迪斯进发——达达尼尔大桥——薛西斯一世奔赴撒尔迪斯——横渡达达尼尔海峡——薛西斯一世在多锐斯克斯清点军队——波斯王对话斯巴达王——波斯人进军瑟迈——波斯战舰抵临迈格尼夏海岸——雅典海军的发展——雅典的财富增长——科林斯大会（前480年）——德尔斐神谕——阿尔戈斯人、科尔基拉人和西西里人的中立和漠然——坦佩关隘——希腊统帅列奥尼达一世攻占瑟莫皮莱——瑟莫皮莱冲突的意义——迈格尼夏海岸风暴重挫波斯舰队——征战瑟莫皮莱——瑟莫皮莱战争中传统历史的价值——阿尔忒弥斯的希腊战舰——波斯舰队抵达阿菲提——希腊舰队决胜阿尔忒弥斯——第二次阿尔忒弥斯海战——希腊人的胜利和撤退——希腊舰队抵达萨拉米斯——雅典人退至阿尔戈利斯、埃吉那和萨拉米斯——薛西斯一世胜利与佛卡亚劫掠——进攻德尔斐的逸闻传说——薛西斯一世占领雅典——伯罗奔尼撒人决定撤退——蒂米斯托克利反对盟军撤退——蒂米斯托克利致信薛西斯一世——萨拉米斯海战——

薛西斯一世决定撤军——马多尼奥斯终结波斯侵略——阿尔特米西亚一世——希腊人放弃追赶波斯战舰——薛西斯一世撤退——阿尔塔巴努斯在乔基迪克的军事行动——阿尔塔巴努斯攻占奥林索斯、封锁波蒂戴阿——希腊盟军在安德罗斯岛等地强征税款——斯巴达人敬仰蒂米斯托克利

第 8 章 雅典联邦制的形成 / 241

马多尼奥斯与雅典人修好——斯巴达人的警觉——波斯人第二次攻占雅典——斯巴达军队起程前往阿提卡——马多尼奥斯与阿尔戈斯人达成联合——马多尼奥斯蹂躏阿提卡、火烧雅典——马多尼奥斯退守彼奥提亚——阿塔吉诺斯盛会——希腊盟军进军普拉提亚——波斯统帅马西斯提奥斯之死——希波之间疲于战事——雅典人准备战事——普拉提亚战役——波斯营遇袭——收藏战利品——普拉提亚人荣获特权——阿尔塔巴努斯撤军——围攻底比斯——希腊舰队驶向萨摩斯——波斯舰队退守麦凯莱——麦凯莱海战——焚烧波斯舰船——斯巴达人希望摆脱战争困扰——希腊盟军会师达尼尔——围攻塞斯托斯——阿塔克斯总督之死——希腊盟军远征塞浦路斯——拜占庭沦陷——雅典联邦制形成——希波战争彻底终结

专有名词英汉对照 / 261

第 1 章
希腊文明的崛起与壮大

精彩看点

东方历史的共性——迅速扩张的波斯帝国——向西扩张的波斯帝国——希腊民族的政治成长——孤立的希腊城邦——早期的希腊文明——希腊城邦的宗教特征——公民权的障碍——城邦：希腊社会的终极单元——希腊人的国民性——希腊人与东方帝国臣民——节日对希腊人的训教——希腊哲学的诞生

纵观人类历史上的改朝换代，每一次东方帝国的崛起皆出于不二法门——扩张。历史一次次见证了这样的铁律：一旦当权者滋生了征服的欲望，其后满足欲望便是他必然的选择，而奢华和怠惰必然会导致政权的迅速衰败。严格地讲，倘若一个国家的公民缺少国民性，缺乏智力成长的环境，缺失个体独立的精神，那就最好别对这样的国家抱有什么幻想。一个士兵粗鲁蛮勇、统帅肆无忌惮的社会必然会压制臣民，而专制者只好依赖父辈攫取的基业来保障自身的持续繁荣。但假如权力从一个不堪大任的统治者手里流入到另一个同样的货色手中，这样的新旧更迭就不会带来根本改变。那些跟随自己的主子建基立业的跋涉者们随后便成了主子子孙们悠闲的家臣，而后又在新的入侵者面前俯首听命。

　　公元前6世纪，波斯人正是依循这样的兴衰铁律而成为东方世界的霸主。尼尼微①的领主们将古巴比伦②的当权派拉下马，随后就倒在了

---

① 尼尼微位于底格里斯河东岸，上美索不达米亚平原一带，是古亚述人的居住地，新亚述帝国的首都，曾霸居世界最大城市五十年，直到公元前612年被它的附庸国巴比伦、米底亚和卡尔迪亚等组成的联军吞并。——译者注

② 古巴比伦位于幼发拉底河两岸，公元前2300年曾是阿卡德帝国的一个小镇，后来成为古美索不达米亚地区重要王国（前18世纪—前6世纪）。——译者注

米底亚①君主和他强大的部族统治之下。而米底亚人随即又发现自己的主子正面临更强大的后继者——波斯王居鲁士二世②。倒不是缺少食物，而是冬季高原寒流的侵袭才迫使米底亚人就范。这样，伊朗的勇士们席卷了米底亚和吕底亚③，把巴比伦和埃及的财富转嫁到自己国家的富人们手里，而这些财富正是富人们以极端的热情为他们的国王攫取来的。

征服吕底亚为波斯人带来了接触希腊少数部落的机会。这些少数部落的一些同宗部族居住在爱琴海以西，他们将会使世界上最高傲的世俗

居鲁士二世

---

① 米底亚是公元前7至公元前6世纪伊朗高原西北部的奴隶制国家，以统治该国的伊朗语族游牧部落米底亚人而得名。——译者注

② 居鲁士二世也称居鲁士大帝，曾经吞并米底亚、吕底亚和古巴比伦三个王国，建立了横跨欧亚的波斯帝国。今天，伊朗人尊称他为"国父"。——译者注

③ 吕底亚是公元前1200至公元前546年小亚细亚半岛上的古王国，后被居鲁士二世征服，并入波斯帝国。今位于土耳其境内西部。——译者注

第1章 希腊文明的崛起与壮大

君主体验到最惨烈的教训,向他昭示自由守法之精神面对用皮鞭迫使奴隶上场作战的暴君之军是如何大获全胜的,让他们见证自由之师是如何制胜基于脆弱的利益纽带而结成同盟的邪恶之师的。这样,欧亚之间的斗争实际上变成了有序政府与毫无约束的专制统治之间的斗争,成为保障思想、言论和行为自由的法律与靠刺客的匕首才能割断其罪孽的暴君的专横之间的斗争。假如波斯王在希腊也大获全胜,就像他曾经撕破埃克巴塔那①、巴比伦和孟菲斯②的铜墙铁壁一样,他的族人早就遍及各地,从黑海之边到赫拉克勒斯③大力神殿,早就给整个欧洲套上紧轭,让自由之火熄灭四百多年了。而这紧轭依然禁锢着拜占庭④帝国的臣民。这位波斯王终究没弄明白,任何障碍都可能阻止他前进的步伐。这并非无理可寻,因为首先挑战并最终打败他的不是那些像他一样强大的统帅军队的领主,而是那些不起眼的"小镇上的人"。他们宁愿挨打也不愿接受施舍,哪怕是面对他乡的同宗族亲,而这些同宗族亲自称是最想击退侵略者的人。波斯人的迫近给希腊的各个城邦带来了极大的恐慌,只有一座城市——雅典除外。"事情因雅典而不同",做出如此强有力判断的历史学家只有一位——希罗多德⑤。他留给我们一个关于斗争的故事,这个故事堪称现代社会的典范。当塞斯托斯⑥沦陷、雅典王国尚未

---

① 埃克巴塔那,公元前8世纪末米底亚王国首都,今在伊朗境内。——译者注
② 孟菲斯是古埃及中古王朝时期的首都,是古埃及的政治、宗教、文化中心之一。传说由埃及第一王朝的第一位国王美尼斯所建(约公元前3100年)。——译者注
③ 赫拉克勒斯,宙斯之子。古希腊一些名门望族自称是他的后代。——译者注
④ 拜占庭也拼作Byzantium,公元前657年成为古希腊迈加拉的殖民地,后更名为君士坦丁堡,现称伊斯坦布尔。著名的拜占庭帝国(即东罗马帝国)就是在希腊古城拜占庭的基础上建立,是欧洲历史最悠久的君主制国家。——译者注
⑤ 希罗多德(约前480—前425),古希腊作家、历史学家,被尊称为"历史之父"。他著有《历史》一书,其中详细记录了第一波斯帝国的历史。这本书是西方文学史上第一部完整流传下来的散文作品。——译者注
⑥ 塞斯托斯是色雷斯半岛上的古希腊小镇。——译者注

埃及的孟菲斯遗址

雅典城遗址

希罗多德的雕像

第1章 希腊文明的崛起与壮大

建成之时,希罗多德才约六岁。他沉浸在乏味的考据中,这些考据将使他得以展示一系列波斯战争中的是是非非,而这些战争的原因也必须在雅典形成之前去寻找。很明显,直接导致这场剧烈斗争的起因是对希腊庇西特拉图^①王朝的驱逐,庇西特拉图王朝的坍塌应归因于梭伦^②对当时贵族阶层排外势力的打击。这些贵族占据着幼发拉底河,试图按照他们的秩序谋求国家霸权。

在很多氏族中,这场人类有史以来最重要的变革持续了很久。这些氏族以身为希腊人^③为荣,也许事情发展的结局远不能证明这一点。尽管这种荣耀的潮汐有时会流入低谷,使他们离最初的目标更加遥远,但这场声势浩大的变革运动突显了人类智力的上升,而这是人类任何其他时代或国家未曾见证到的。从本质上来说,这是多数人在抵抗氏族。这些氏族仅占政治集团中的一小部分,而少数人无权统治整个国家,倒是每一个公民都有权参与制定自己将要遵守的法律。如果说雅典在这场举世的伟大变革中走在前列,倒不是因为他们敢为天下先,也不是因为他们拥有一种胁迫邻人的力量,更不是因为他们拥有"希腊人的领袖"这样的名声。

的确,希腊不是作为一个我们称之为国家的社会而存在的,称不上紧密而有组织。它由一套各自独立的单元组成,除了各自城邦的成员之外,他们怀疑、嫉恨、讨厌一切。这一时期,希腊的城市发展模式成为社会的最终单元。除此之外,整体上看,希腊人没能再次站在人类历史的潮头。波斯战争^④的结局将希腊逼入一个尴尬的境地,他们必须实行

---

① 希腊庇西特拉图王朝(前546—前510)延续了三代君主。——译者注
② 梭伦(前638—前559),古希腊雅典城邦著名的改革家、立法者和诗人,出身于没落贵族。公元前594年出任雅典城邦的第一任执政官,制定法律,进行改革,史称"梭伦改革"。
③ 在希腊语中称海林斯人。——原注
④ 波斯战争是公元前6世纪至公元前4世纪,波斯国王对亚洲、北非、黑海北部沿岸地区和巴尔干半岛各民族进行的扩疆远征。——译者注

更加宽容、明智的政策。然而，希腊的历史就是一部来自斯巴达①激烈而永不疲倦的反抗史。因为希腊人企图使社会普遍秩序让位于城邦的孤立和无序，希腊人的敌意使自己成了孤家寡人。自此以后，希腊人的历史只不过是一些对抗各个城邦的战争的重复。虽然期间希腊也赢得了或多或少的权威，但看起来倒像是对独立邻国的威胁。在波斯战争之前，情况的确不过如此，但这正是政治和智慧的成长时期。希腊人未曾觉悟这种成长是事情向好发展的前提。这种政治和智慧的成长倒是在大不列颠的土壤上结出了最丰硕的果实。

那时并没有希腊这样的国家。如果我们考虑到当时希腊各个部落的成长环境，我们就会明白这样的结果顺理成章。不管是肆意独断还是宪法自由，一切雅利安人②的社会都有一个出发点，那就是绝对孤立，不和邻人有任何来往。如果我们愿意，也许可以说这无异于兽困于穴，没什么好处。这么说也许并不过分，因为我们不能在这样的事实面前闭上眼睛：所有雅利安人的政治形态都可以追溯到以村为单位的组织构造。在这样的村庄里，每个家庭的房屋不只是一座堡垒，更是一座不可侵犯的神殿。这种排外习惯早期使得户与户之间完全隔绝，而后延续了下来，成为希腊或罗马各城邦之间交往的一道障碍。我们又被带回到那样一个时代：倘若超出自己家庭的范围，一个男人在世界上便一无所有。他生来就有也必须有的是敌人。由于天生如此，也就毫无怜悯，即便是战场厮杀，也毫不留情。和平时期，他会禁止自家人与外邦人通婚，也不因

---

① 斯巴达位于伯罗奔尼撒半岛南部，是古希腊著名的城邦国家，以纪律严酷、军事教化和专制统治而闻名。在伯罗奔尼撒战争中，斯巴达及其同盟战胜了雅典，统治了整个希腊，但不久便被新兴的底比斯打败。马其顿崛起后，斯巴达失去了在希腊的影响力。——译者注
② 雅利安原是俄罗斯乌拉尔山脉南部草原上的一个古老游牧民族，约公元前14世纪南下进入南亚次大陆，创造了吠陀文化，建立了种姓制度，把雅利安－旁遮普语族的语言带到了印度。19世纪，雅利安语是印欧语的代名词。——译者注

后辈们的优秀而放松对他们的管教。但倘若在别处，这个男人就一无是处，只有在家里，他才是绝对的"王"，他掌握着孩子们的命运，妻子只是他的奴隶。男人这样的生活倒是与困于穴中的兽很像。但人们总要继续生存，生存的冲动力促事情向好发展。生存的信念早在人类历史的黎明时期就已存在，这种信念不是写在人类的文明史中，而是烙在原始社会最残忍的记忆之中。假如家里的主人死去了，他不仅像他活着的时候一样依然是王，而且会成为被崇拜的对象，成为整个家庭的神。妻子和奴隶们被残忍杀死以陪伴主人的亡灵，通过他们的殉葬及随葬的食物和衣物，依然能感受到主人生前的欲望、痛苦和快乐。然而，假如安葬欠妥，即便在亡灵之乡，他还是不能安生。他的葬礼必须由他的合法代表来举行，换句话说，必须由最初进入他家族宗系的初婚妻子所生的儿子来做代表，这个儿子行使他的绝对权力仅仅因为他是死去主人的代理人，他继承了死去主人的权威。到后来，首当其冲的事就是要保持香火不断。于是，神圣婚姻的义务就落在了男人头上，若拒绝服从，公民权便会被剥夺。有时也会没有子嗣，隆重的收养就必不可少。但必须澄清，这种收养基本上是宗教意义上的，这个被收养的孩子就像婚礼上的妻子一样，放弃自己的家庭和信仰的神，转而围着别人家的灶炉，改奉别人家的神。事实上，每个家庭的主人或父亲对别人家里的规矩一无所知，也不承认与任何人有宗教意义上的纽带关系，他只属于他的家庭。然而，随着儿子们长大成人、娶妻生子，家庭的范围扩大，家族群落随之产生，家族成员血脉相连，共祈神祇。这些家族群落就成为后来的氏族，或者用希腊人的话说，是具有同宗家族血缘的胞族或兄弟。从家族发展为氏族的过程中，氏族之间可能结成了同盟，也不会因冒犯对方的信仰而大动干戈。这样的联合并非基于接受陌生人进入氏族或家族私密的信仰之地，那可是不可宽恕的亵渎，而是采用一种常见的同盟仪式。对这种常见仪式的采纳将氏族扩大成了部落或部族。再进一步，城邦或城市中的部落基于同样的宗教而形成了独有的行事作风，这表明了政治成长过程中的局限，而希腊人总是拒绝突破这种局限。

这样看来，所有古代雅利安人的社会都有浓郁的宗教情结。圣火将永久供奉在市政厅或雅典的某处圣地，守候圣火者一定不是异族人或外族人。每个部落① 都有同样的祭坛、仪式和神职人员，氏族的后裔遵守着同样的戒律。而每一个家庭里，父亲像以往一样，是家里的牧师，是神，是王。这样，外族人或异族人之于国家如同他们之于私密的家庭，没有什么空间可言。严格地讲，一个外族人既无权保护他人也无权保护自己的财产，他可能根本没有真正意义上的财产。他在这个城市的存在只是一种痛苦，他成为公民根本就是对上帝的一种亵渎，他的参政是一种侮辱。

显然，这些现状不大可能促进国家快速发展，只能寄希望于当权者与权力之外者的持续斗争或冲突，否则，国家可能根本不会发展。这样的状况下，国家也找不出最便利的资源来塑造权威。有必要保证国家范围内的司法独立性不容怀疑。父亲对家庭其他成员的绝对权威就像教皇对基督教王国享有绝对权力一样。因此，家长权，或者像古罗马法律中所说的父权，远非是希腊人的创造，而只是人类早期的一种社会状况。古代雅利安人既然无力废除这样的法律，也就只能对它做出修正。这样，我们就看到了两种斗争齐头并进，一是当权者基于自身目的急不可耐地盘算着如何塑造权威，毫无疑问这是没有希望的；二是没有公民政治权力的人们竭力争取属于他们的那份权力。后一种斗争使希腊历史与单调乏味的东方历史显著不同，甚至比罗马历史更加动人心魄。在东方，对独裁者忍无可忍的反抗只能换来新旧独裁的更迭，但对于拥有权力的希腊贵族家族而言，冲突基本上是宗教意义上的。地方治安官拥有统辖一方城市的权力，他们施行制裁的权威与一个家庭的主人制裁家人的权威

---

① 希腊人也称之为宗族。——原注

第1章 希腊文明的崛起与壮大

如出一辙,二者的首要义务都是敬奉上帝。他们凭借出身和血缘的力量成为上帝的代理人,而靠着庶民同胞的支持才获得民意的庶民代表则声称要分享贵族的权力。这在贵族看来不但会造成一场可能导致暴民统治的运动,而且简直就是对上帝圣权的侮辱。

然而,作为一个有组织的社会,如果城邦发展缓慢,那么彼此之间交流的障碍就永远存在。雅典在强盛时期建立了帝国并竭力稳固帝业,这时自然会削弱,甚至取缔这些古老的偏见。雅典做到了,它将传统的观念踩在了脚下,建立了一个被普遍承认的专断政权,试图将一些视孤立为生命的城市捏成一个整体社会,将法律平等的恩典波及每一个公民。然而,这一企图冒犯了一些人,他们无法接受自己城邦之外的人,认为那已超出法律的界限。于是,作为惩罚,当权者驱逐了他们,而这并不逊于死刑。令人欣喜的是,随着历史的发展,即便是最糟糕的法律也都得到了修正,宗教排外的罪恶某种程度上也经由大城市中那些自治小镇的联合而得到了缓解。

对阿提卡①而言,这个好的变化应归功于忒修斯②的强政。这样,占地只与英国小一点的县一样大的雅典成了一方领土的政治中心。然而,希腊的整体情况并没有改变,还是从前的老样子。男人密切的同盟关系依然靠血缘纽带来维系,就像约克③、布里斯托④、谢菲尔德⑤和伯明翰⑥的居民泾渭分明一样,向彼此宣战依然是他们眼中最高的特权。

---

① 阿提卡,希腊中东部的一个地区,首府为雅典,公元前13世纪就出现了独立的居民点,以橄榄、无花果、葡萄等闻名。——译者注
② 忒修斯,传说中雅典城邦的缔造者,著名的改革家,主导了阿提卡地区的政治联合。他的一生充满传奇色彩。——译者注
③ 约克,英格兰北约克郡的历史名城,始建于公元71年,是一座古老的城郭。——译者注
④ 布里斯托,英格兰西南部城市,早期属于古罗马殖民地,后成为航海家探索新世界的始发地。——译者注
⑤ 谢菲尔德,英格兰南约克郡自治区,曾是古罗马人的殖民地。——译者注
⑥ 伯明翰,英格兰中西部自治区,属于英格兰边区地带,早在盎格鲁-撒克逊时期就有住民。伯明翰的山区地带是抵御外邦的屏障。——译者注

忒修斯与埃特拉

而实施这种特权不是坚定而必需的，倒是日常正轨中常见的小事。究其根源，完全是因为人们信奉这样一种理论：城市是社会的终极单元。根据这一理论，城市是男人的集结地，每一个男人都在城市政务会里占有一席之地，在立法和管理事务中享有他的那份权力。这样的政务会以公民大会①而闻名。而像利物浦这样一座人口众多的城市若靠政务会处理事务，就很难管理。以亚里士多德的观点看，太多或太少都不是一个城市里健全的宪法所需的人数。希腊人不大可能明白一个由男人构成的团

---

① 公民大会是古希腊城邦国家的最高权力机构，是国家名义上的最高权力机构，实权掌握在国王手中。雅典的公民大会早在忒修斯改革之前就已存在。——译者注

第1章 希腊文明的崛起与壮大

体可以通过一个普通的代表来投票。结果便是那些在公民大会中没有一席之地的人们尽管不是异乡人，但也得不到政治权利，这无异于异乡人，也无异于携妻执子流浪于塞西亚①沙漠的野人。

尽管孤立与排外弥漫于城市之间，但在人类现代历史的黎明时分，希腊部落之间的一种属亲关系跃然兴起。他们惯于自称希腊人。这种称谓和习惯使他们有别于其他部落，我们可以宽泛地称之为"国民性"。而将他们维系在一起的最有力的纽带很可能是语言，很可能不管哪个部落的宗教都和希腊人的信仰颇为类似。但假如他们信仰的是同样的神，只是对神的命名不同，希腊人定会疑惑并拒绝承认这种相似性。像希罗多德这样有教养的旅行者，又是历史学家，或许会对埃及神职人员的叙述感兴趣。他们会使这位历史学家相信黎明女神雅典娜②这个名字只不过是倒着读的埃及神尼斯③的名字，而他的国人对这种说法定会满心狐疑。如果希腊人对语言和名字都不甚通晓，他们立刻就会体察出异样。希腊人直觉并不差，不管能否听明白对方的谈话，话语的亲疏感还是能判别出来的。要是有谁说的话希腊人根本听不懂，那他一定是野蛮人，在说野蛮话，哪怕他的语言比起一些并入希腊语的部落语言更接近希腊语的同源。希腊人对语音规范化的法令一无所知，天生只靠声音进行辨别。由于不同语言中词与词之间的发音差异普遍且多种多样，仅靠说话来判断对方就没什么价值。但以这样无知的方式得出的结论却有着极其重要的政治意义，这就意味着波斯战争成为希腊人与野蛮人的较量，或更严格地说，是语言通晓的人类与野蛮未退、面目可憎的怪物之间的战争，怪物说起话来简直就像笨嘴拙舌的畜生。

---

① 塞西亚，古代欧亚大陆的中部地区，伊朗东部的塞西亚人在此居住。古希腊语中，塞西亚指欧洲东北部、黑海北岸的所有地区。——译者注
② 雅典娜，古希腊神话中的智慧女神，奥林匹斯十二主神之一。希腊初民最早把她作为霁色初开的境界崇拜，代表纯洁和光明。——译者注
③ 尼斯，古埃及人崇拜的创世女神。——译者注

希腊雅典娜女神与阿拉克尼

第1章　希腊文明的崛起与壮大

体可以通过一个普通的代表来投票。结果便是那些在公民大会中没有一席之地的人们尽管不是异乡人，但也得不到政治权利，这无异于异乡人，也无异于携妻执子流浪于塞西亚①沙漠的野人。

尽管孤立与排外弥漫于城市之间，但在人类现代历史的黎明时分，希腊部落之间的一种属亲关系跃然兴起。他们惯于自称希腊人。这种称谓和习惯使他们有别于其他部落，我们可以宽泛地称之为"国民性"。而将他们维系在一起的最有力的纽带很可能是语言，很可能不管哪个部落的宗教都和希腊人的信仰颇为类似。但假如他们信仰的是同样的神，只是对神的命名不同，希腊人定会疑惑并拒绝承认这种相似性。像希罗多德这样有教养的旅行者，又是历史学家，或许会对埃及神职人员的叙述感兴趣。他们会使这位历史学家相信黎明女神雅典娜②这个名字只不过是倒着读的埃及神尼斯③的名字，而他的国人对这种说法定会满心狐疑。如果希腊人对语言和名字都不甚通晓，他们立刻就会体察出异样。希腊人直觉并不差，不管能否听明白对方的谈话，话语的亲疏感还是能判别出来的。要是有谁说的话希腊人根本听不懂，那他一定是野蛮人，在说野蛮话，哪怕他的语言比起一些并入希腊语的部落语言更接近希腊语的同源。希腊人对语音规范化的法令一无所知，天生只靠声音进行辨别。由于不同语言中词与词之间的发音差异普遍且多种多样，仅靠说话来判断对方就没什么价值。但以这样无知的方式得出的结论却有着极其重要的政治意义，这就意味着波斯战争成为希腊人与野蛮人的较量，或更严格地说，是语言通晓的人类与野蛮未退、面目可憎的怪物之间的战争，怪物说起话来简直就像笨嘴拙舌的畜生。

---

① 塞西亚，古代欧亚大陆的中部地区，伊朗东部的塞西亚人在此居住。古希腊语中，塞西亚指欧洲东北部、黑海北岸的所有地区。——译者注
② 雅典娜，古希腊神话中的智慧女神，奥林匹斯十二主神之一。希腊初民最早把她作为霁色初开的境界崇拜，代表纯洁和光明。——译者注
③ 尼斯，古埃及人崇拜的创世女神。——译者注

希腊雅典娜女神与阿拉克尼

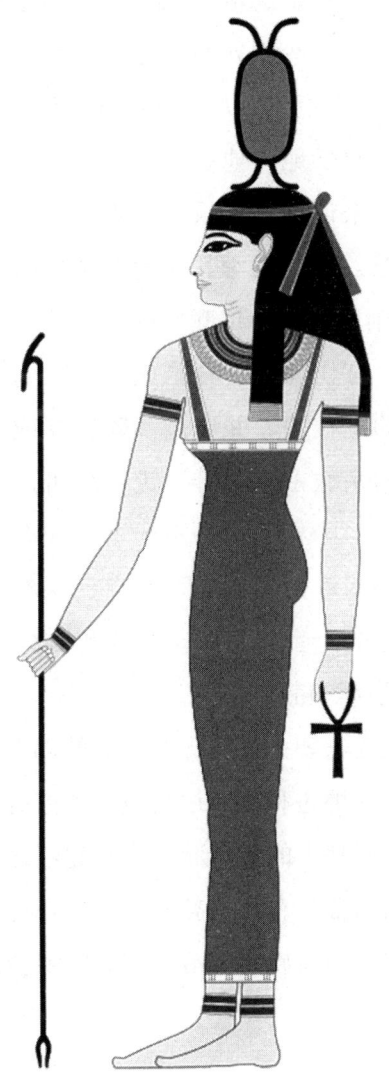

埃及神尼斯

尽管希腊部落的语言和宗教很接近，但也许希腊最落后与最发达的部落之间在社会和智力层面的差距很大。不过，几乎不可能对二者做出比较。假如我们拿希腊部落与亚洲帝国的臣民相比，我们定然会立刻分辨出一些差异，这些差异完全能证实我们所说的希腊人的国民性。在亚述人①或波斯人看来，人的身体就是他们任意侮辱和损坏的一件物品，是用来奴颜婢膝地向他们顶礼膜拜的，是用来祭献愤怒与嗜血的众神的。对他们来说，女人只是奴隶，孩子是自己的财产，可以随意卖掉来获取利益。希腊人对其中的恶劣性毫无意识，否则他们怎么会对剜眼、割耳、削鼻毫不畏惧呢！换个角度讲，看到无遮无拦的人，东方人会觉得羞耻、有伤风化，希腊人却心生愉悦。这种形态美体现在各种力量和技能的竞技中，并通过部落独立或联合开展的各种节日活动而逐渐与他们的宗教密不可分。进一步讲，这种对人的尊重总是与道德上的自我尊重形影相随，从不向羞耻或有伤风化的说教屈服。希腊暴君也许仰仗外国雇佣军的长矛为自己保驾护航，但他的臣民却该随时想到同类相食的野蛮与血腥，也该想到他们用这种波斯贵族式的崇拜去接近暴君是何等盲目。

谈及希腊人的社会与智力教育，与他们的邻人、非希腊人相比，差异是巨大的。早先，灶炉边和祭台边就是每个家庭聚会和活动的地方。随着部落中的氏族及城邦中的部落联合的兴起，这种聚会和活动波及更大的群体。由于这些联合具有纯宗教性质，聚在一起也就没有太大的障碍，比如来自同一宗系的氏族和部落。家庭的聚会活动规模较小，而氏

---

① 亚述人，西亚两河流域北部的一支闪族人，有近四千年的悠久历史，上古时期奉行军国主义。横跨亚非的亚述帝国曾盛极一时。——译者注

第1章　希腊文明的崛起与壮大

族的集会则盛况空前。这使奥林匹亚①、皮托②、提洛岛③和奈迈阿④等地声名远扬。大型神殿中的供职人员可在此处生长，而后又在别处的宗教团体中司职。广义上说，这些节日盛会对民众的教育收效甚微，但某种程度上，我们也可以理解这些节日盛会的魅力——高尚而普及，且广布希腊社会。读着提洛人的颂诗，我们的心绪会联翩起舞，诗人诵出的悦耳声音和抒情诗中优美的乐感是其他时代或国家望尘莫及的。尽管带着节日的欢乐气氛回到家里，但希腊人离英国人的感受并没有更近一点。

奥林匹亚复原图

---

① 奥林匹亚，古希腊伯罗奔尼撒半岛上艾利斯地区的神殿，是古代奥林匹亚运动会的发生地，并因此名扬天下。——译者注
② 皮托，古希腊著名神殿之一，同奥林匹亚、提洛岛和奈迈阿一样，是古希腊氏族集会与活动中心。——译者注
③ 提洛岛，有着上千年的神殿遗址，在希腊神话中是阿波罗和阿耳忒弥斯的出生地。——译者注
④ 奈迈阿，希腊伯罗奔尼撒半岛东北部的古遗址，同奥林匹亚一样，是古希腊远近闻名的氏族集会与活动中心。——译者注

英国人认为和自己的城市或乡村芳邻作战，哪怕想一想都是一种背信弃义；而希腊人虽以身为希腊人为荣，但远非出于一个相容和谐的良好愿望，即中央政府统治之下的城市当权派的和谐管理。城市当权派应代表民众普遍良好的意愿行事，而非无休无止的内讧、树敌和开战。尽管希腊人基本学会了鄙视其他大大小小的城邦或国家，但我们还不能说希腊社会的粗蛮遗风已经消失。在希腊各地，村庄社区体制依然根深蒂固。而斯巴达人则炫耀：他们的城市没有围墙。历史学家修昔底德[①]指出，斯巴达由四个村庄组成。他曾评价说，废墟中的斯巴达令人难以想象它之前的宏伟壮举。乡村生活方式不仅在整个伊庇鲁斯[②]流传至今，而且遍及整个伯罗奔尼撒[③]半岛的西北部。

　　最能体现希腊的先进性特征的是他们对智力独立发展的充分肯定，这一点其他部落或民族都无法比拟。希腊人首先使用智力发现真相，甚至不惜以失败和谬论为代价。这一事实突显了东西方雅利安人之间的巨大差异，也保障了现代欧洲科学的发展。希腊人意识到自己身为人类社会的一员，既富有使命，也须懂法则。这对他们的忠诚既是考验，也是托付。对使命和法则的思考可能促使希腊人思考义务的本质和根源，周遭的事物将他们带入一个更加宏大的思考境界。他们身处一个永恒变化的世界，黑暗让位光明，炎夏取代寒冬。白天，太阳独自穿行天空；夜晚，无数的星光照亮天空，或如宝座般岿然不动，或在令人费解的轨道里运行。有时振聋发聩的火山腾空而起，有时大地在脚下震颤，懒洋洋

[①] 修昔底德，古希腊历史学家、文学家和雅典将军，著有《伯罗奔尼撒战争史》，在西方史学史上占有重要地位，被誉为"政治现实主义学派"之父。——译者注
[②] 伊庇鲁斯，古希腊西北部山区，最初归希腊科林斯城邦统治，前4世纪曾与雅典结盟，后附属于马其顿和罗马。——译者注
[③] 伯罗奔尼撒位于希腊南部，历史古迹众多，公元前2000年迈锡尼文化盛行于此，古希腊城邦国家斯巴达占据了半岛南部的大部分地区。——译者注

第 1 章　希腊文明的崛起与壮大

地吞噬着人类和他们的功业。所有这一切，无论好坏，究竟源于何处？为什么存在？树林间发出巨响的是什么？乐音飘飘，诉说衷肠的又是什么？希腊人不断思考这样那样的问题，并在某一阶段做出了充分的解答。一切皆是存在，而且大部分事物是有意识的存在。宇宙中的一切现象只不过是神的作用而已。秋叶坠落，大地裹起丧衣，因为大地之神珀尔塞福涅①偷走了夏日之婴，而只有将她的侍女带回到埃莱夫西纳②城中令人愉悦的幽会处，大地之神的忧伤才可能减轻。人们可以尽情发挥想象解释这些神话，但归结起来只有一点可以确定，一切现象都是人为。这套神话体系的弱点在于宇宙的根源问题。将高山大海、幽冥暗夜解释为

冥王抢走大地之神珀尔塞福涅

---

① 珀尔塞福涅，古希腊神话中冥界的王后，是众神之王宙斯和农业女神德墨忒尔的女儿，一般认为她是由希腊本土的女冥王、地母神两个形象融合而成。珀尔塞福涅兼具在地下为死神，在地上为丰产女神的特征。——译者注
② 埃莱夫西纳，古希腊西阿提卡地区的行政城市，位于雅典西北部，距离雅典仅十八英里，古希腊神秘宗教遗址，著名悲剧作家埃斯库罗斯的出生地。——译者注

混沌之子，这很容易，但混沌又是怎么来的呢？换句话说，万物源于何处？解答这样的疑问，哪怕是微弱的尝试也标志着思想上的革命。希腊人首先鼓起勇气，并付诸努力，完成了使命，超越了巴比伦和埃及拥有大量天文观测经验的神职人员的洞察力。希腊人开始了新的探索，打算用新的方法解决问题，目标是用他们内在的知识解释事物，用确定的事实对事物进行诠释或否定，以此作为检测理论真伪的方法。最初的尝试也许像蹒跚学步的婴儿，但人类已经开始使用智力探索真理。已经点亮的火烛将会由希腊的思想家们代代相承，并经他们传至伽利略、哥白尼和牛顿。

第 2 章
希腊人的定居与管理

精彩看点

希腊的地域范围——希腊北部的地貌——伯罗奔尼撒地貌——希腊的海岸线——塞萨利人——彼奥提亚人——斯巴达人——斯巴达宪法——斯巴达的人口构成——斯巴达的军事制度——希腊人的殖民个性——希腊人殖民意大利和西西里——科林斯与科尔基拉——伊庇鲁斯人及希腊北部部落——爱琴海北岸的希腊居民——亚洲的希腊人——亚洲少数族裔的地理分布——吕底亚王国

但凡希腊部落结成一体，便纯粹以宗教为纽带。地域上的遥远不会削弱这种宗教联系，地域上的邻近也不能在思想、情感和信仰上增强这种纽带联系。从斯巴达、科林斯①，再到雅典，出征的殖民者们与生活在故乡的人们一样，都是严格意义上的希腊人。他们所驻之地同承载家乡神圣灶台的土地一样，都是希腊的一部分。因此，无论何时希腊都不是一个严格意义上的地理名词。伴随着民族的时运，希腊的地理范围会扩张或收缩。尽管从坎伯尼群山到伯罗奔尼撒半岛最南端的海角都属于希腊所有，或准确地说，属于自认为是希腊人的部落所有，意大利半岛南部的希腊人却夸耀他们有一个更骄傲的名字——大希腊②。富丽堂皇的城市装饰着半岛美丽的海岸，构成了大希腊③，希腊壮观的废墟中留下了足够的证据显示它古老的富饶与壮丽。同迦太基④争夺西西里⑤

---

① 科林斯，希腊中南部伯罗奔尼撒半岛上的古希腊城邦国家，曾在波斯战争和伯罗奔尼撒战争中与斯巴达结盟。——译者注

② 古希腊鼎盛时期，希腊本土以外有许多殖民地区，殖民地区的住民将希腊称为"大希腊"，并以希腊人自居。——译者注

③ 德语中的"梅加尔"和丹麦语中的"麦格纳"描述的就是"大希腊"。——原注

④ 迦太基位于今突尼斯境内突尼斯湖以东，是古代迦太基文明中心。迦太基原是腓尼基人的殖民地，后来发展成为迦太基王国的首府，主导地中海文明一千年。——译者注

⑤ 西西里地处意大利半岛南部。从岛上的历史建筑遗址看，人类在此处的活动轨迹可以追溯到一万两千年前。公元前750年左右，岛上有三个腓尼基殖民点、十几个希腊殖民点。此后的六百年里，这里持续发生了西西里战争和布匿战争。——译者注

的统治时,希腊殖民者的财富和权势并不逊于他们的竞争对手。若不是因为希腊社会政治分裂的祸根,希腊殖民者早已成为罗马帝国不可逾越的障碍。但身为希腊人,并且拥有这样伟大的国家,希腊殖民者取得的成就超乎想象。他们有时强使自己攫取哪怕是海岸边的不毛之地,有时则像楔子一样深入别处,攫取大片疆土。他们从来就不缺这样的自觉:他们不只是雅典人或斯巴达人,他们是站在人类峰巅的民族。从黑海东北沿线上的塔内斯河岸,到特拉皮瑟斯①河与西诺沛②河南岸,再到撒丁岛③和罗纳河口;从现在我们称之为西班牙的伊比利亚④殖民地区,

迦太基城遗址

---

① 特拉皮瑟斯,古希腊阿卡迪亚地区古城,位于黑海沿岸的土耳其东北部。——译者注
② 西诺沛位于黑海沿岸的土耳其最北端,属于帕夫拉戈尼亚地区。——译者注
③ 撒丁岛是地中海第二大岛屿,南面与法国的科西嘉岛正相对。——译者注
④ 伊比利亚是欧洲第二大半岛,位于欧洲西南角,南面是直布罗陀海峡。西班牙和葡萄牙几乎平分了整个半岛。——译者注

第2章 希腊人的定居与管理

到北非沿线崛起的城市，都有希腊人的足迹，处处可显希腊部落的共性。他们征服或驱逐的那些部落，无论语言、宗教，还是思想和法律，都留有他们的深刻烙印。这种亲和政策在希腊神话谱系中尽览无余，一些部落可以根据这套神话谱系追溯到多勒斯①、伊奥②和艾厄勒斯③，再沿着这些部落又可以寻踪到他们的父亲，甚至祖父赫楞④。不过，这些神系中的人物呈现出不同的形态，其中出现的大部分名字各有渊源。那些炫耀自己是多勒斯、伊奥或艾厄勒斯部落后裔的族人无疑相信这些神系先祖的存在，但部落或民族之间的寻根问祖多多少少存在一些偏差。比较一下他们的传统就可以明白，"希腊人"这个名字本身指光和太阳的孩子，而达达尼尔海峡则是他们的扩张通道。他们将自己冠以"希腊人"之名，而将他们西面的邻居说成是灰色人或暮色人，或说成是葛莱伊⑤人、葛莱西人或希腊人。而西面这些部落最先和罗马人接触，因此希腊这个名字就成了整个希腊民族的代称。

当初的地理学家只是为了方便，才将介于坎伯尼群山和伯罗奔尼撒半岛南端海岬的这个国家描述成连绵的希腊或大陆希腊，广为散布的希腊居民也就被看成是希腊的一部分。希腊这个名字很少用来界定这些城市，但人们大概不会怀疑，地理学家之所以将这个国家早期在欧洲的家园称为绵延的、大陆的希腊，是因为那里的地理特征与塑造希腊人的性格及构成希腊民族的历史有着密切的关系。希腊人生活在这片广袤的土地上，他们从来没有越过爱尔兰，这里独属他们所有，与众不同。希腊

---

① 多勒斯，希腊神话中的英雄，多勒斯部落的祖先。——译者注
② 伊奥，希腊神话中的英雄，据说是爱奥尼亚部落的祖先。——译者注
③ 艾厄勒斯，希腊神话中的英雄，传说是海伦的儿子，伊奥林部落的祖先。——译者注
④ 赫楞指具有希腊血统的人。希腊神话中，赫楞是希腊人的祖先，故希腊人也叫赫楞，希腊也叫海林斯。——译者注
⑤ 葛莱伊指老妪、灰色人或女巫，也指共用一只眼睛和一颗牙齿的灰色三姐妹。——译者注

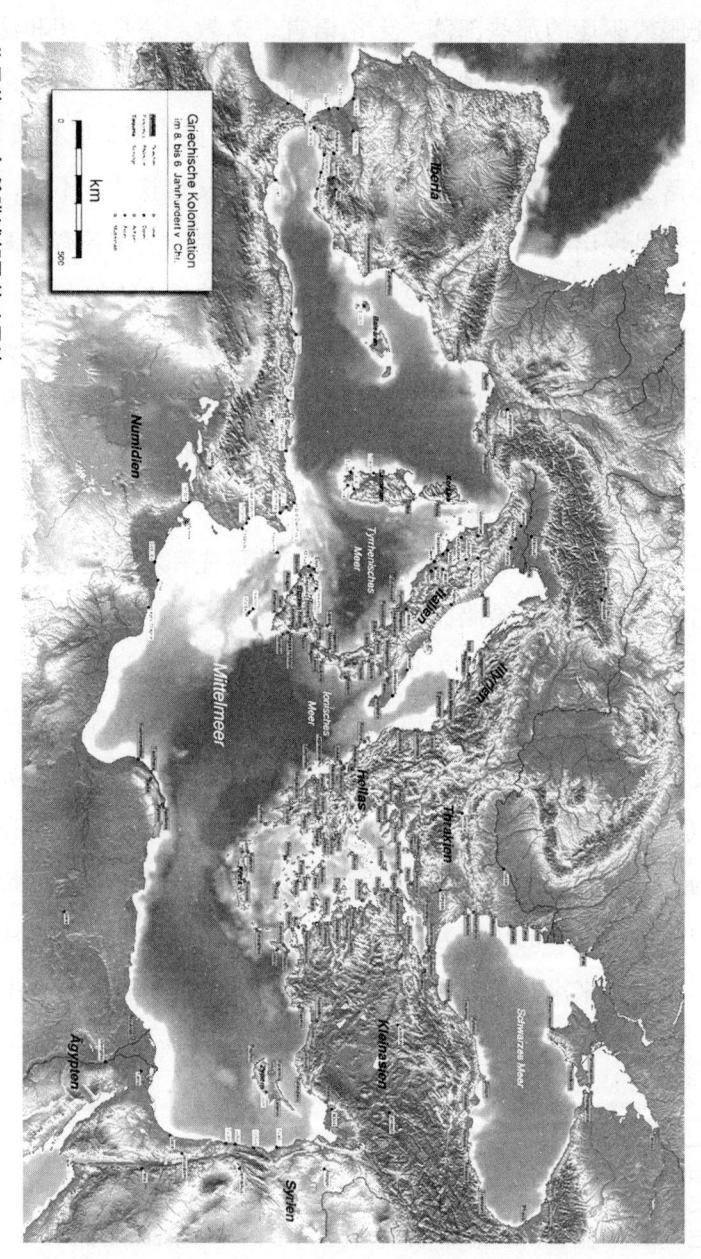

公元前 550 年希腊城邦及其殖民地

伊奥

的东北部，沛尼厄斯①河的涓涓溪流穿过远近闻名、割裂奥萨山和奥林匹斯山的坦佩河谷，翻越坎伯尼山脉，携着方圆六十平方英里的塞萨利平原的溪水浩浩前行，更有海拔近万英尺的奥林匹斯山从北面强力护航；绵延的品都斯山与坎伯尼山脉直角接连，形成西面牢固的防御地势；蒂姆菲拉斯托斯山和奥西里斯山从品都斯山向东延伸，直至马里安与帕格赛亚海湾之间的高原地带，封住了南面来的侵袭；皮立翁山和奥萨山从向北而流的帕格赛亚海湾绵延广伸，塞萨利山的东城门作用随之突显；奥萨山以东是迈格尼夏狭长地带，崎岖的海岸和恐怖的风暴注定会给波斯王的舰队带来灾难。蒂姆菲拉斯托斯山和奥西里斯山形成的关隘将塞萨利山和斯波奇厄斯肥沃的河谷隔开，河谷的南面被绵延的耶特山封闭。耶特山一直延伸到马里安海湾，山底和海湾之间仅有狭长的通道通向瑟莫皮莱。耶特山西南方向，科林斯海湾以北的地方几乎都是荒山野岭，形成了艾托利亚与阿卡南部落的要塞。东南方向，帕纳索斯、海利考、基塞隆等群山绵延不绝。北面是福基斯的崎岖荒野，南面则是彼奥提亚的肥沃地带。

帕尼斯山的东面是通向费勒②的关口，基塞隆山则构成了阿提卡北面的防卫墙。基塞隆山自科林斯海湾的最东端延至拉姆纳斯岬角，成为马拉松平原的屏障。基塞隆山西南面，艾吉普兰科特斯和吉兰尼亚两座山山脊相连，构成了科林斯地峡的脊梁。连接这两座山山脊的阿克罗柯林斯山使周边的群山变得错综复杂。这里迷宫一样的群山自科林斯海湾的最西端延续至艾托利亚高原，构成了伯罗奔尼撒心脏地带坚不可摧的堡垒，在北面形成了狭长地带。这里的历史古迹亚加亚③举世闻名。群

---

① 古称塞兰布里亚。——原注
② 费勒，古希腊帕尼斯山东面的军事重镇。——译者注
③ 亚加亚位于伯罗奔尼撒半岛北部，是古希腊四大部落地区之一。——译者注

第 2 章　希腊人的定居与管理

山以南，将伯罗奔尼撒南部几乎平分两半的是武吉特斯山，山势崎岖绵延，在泰纳罗斯海角戛然而止。东面约三十英里的地方，一条几乎是直线的山脊与海岸之间有一条类似塞萨利山以东的迈格尼夏的狭长地带，延至令人生畏的迈里埃海角，而后又在基西拉岛出现。这条山脊也是克里特岛沿线群山的主干。

希腊大致是一个以灰色石灰岩为主的国家，可以耕作的土地不足一半，大部分地区甚至在最好的时期也闲置难用。多数山区贫瘠，少数山区植被不好的，就放牧饲养，而低地在夏天总是干旱无雨。众多群山阻

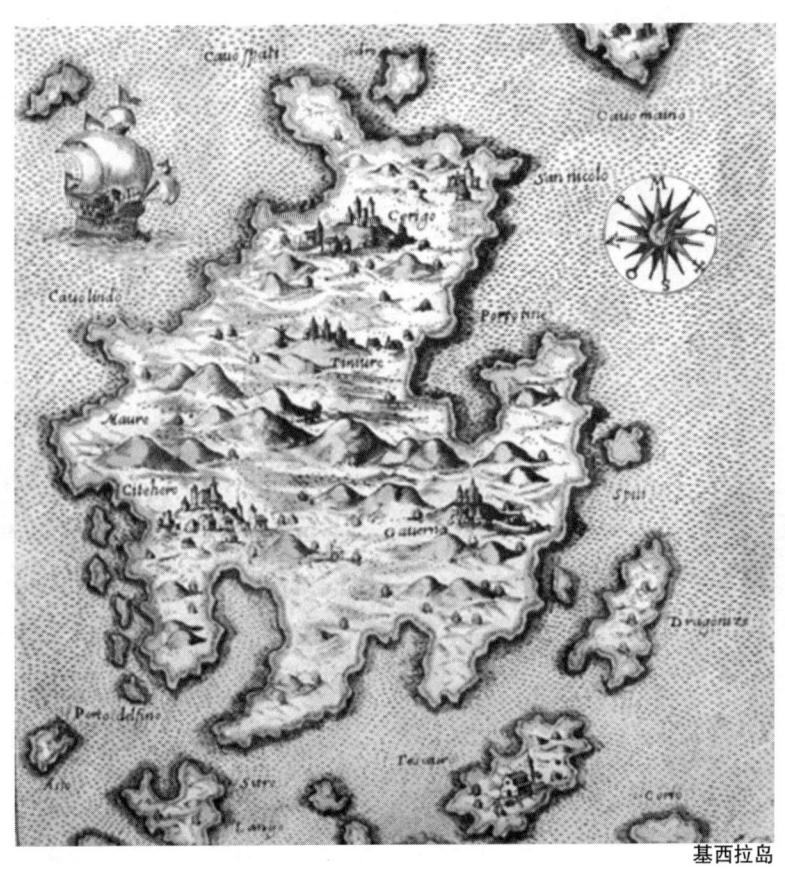

基西拉岛

挡了希腊居民的交往，居民之间流动的困难并没有因大量河流的存在而消除。多数情况下，希腊的河流冬季湍急汹涌，夏季河床干涸。希腊不再是色雷斯①或伊庇鲁斯那样的半蛮荒，甚至完全蛮荒的部落。事实上只是环境改变了希腊：其一，希腊处处近海；其二，希腊面积不及葡萄牙，但海岸线长度却是葡萄牙和西班牙两个国家之和。尤碧耶岛面积不足一千五百平方英里，却享有对岸洛克里斯、彼奥提亚和阿提卡三地的海岸线长度，这三个地区的海岸线长度之和不足三百英里。更重要的是，宽仅三英里半的一条地峡将来自萨罗尼克海湾的科林斯水域一分为二，

洛克里斯

---

① 色雷斯位于欧洲巴尔干半岛的南部、爱琴海以北，西邻马其顿，东滨黑海，东南是土耳其海峡，现分属保加利亚、希腊和土耳其。——译者注

第2章　希腊人的定居与管理

商人和旅行者才得以穿过巴拿马地峡①运输和往来,相比绕合恩角②航行优势尽显。阿提卡的地理位置极为优越,它实际上是一个岛屿,岛上的船只可以驶向任何方向,雅典人能够在欧里珀斯海峡将过往的通道切断。

波斯战争之前占尽优势的一些希腊部落中,我们只需要关注与这场伟大战争命运相关的几个部落。地处战斗中至关重要的地理位置,这对弱者一方而言是可怕的不幸,塞萨利人便遭遇了这种不幸。他们居住在希腊南部入侵者的必经之地。沛尼厄斯河浇灌了广阔而肥沃的平原,塞萨利贵族是这些平原的领主,他们在邻近城市的土地上收益满满,享受着封地、盛宴和壮观的马群,生活奢侈而华丽。这些强横的领主以"劳动者"之名奴役着这里的早期居民,领主们之间的你争我夺也在预料之中。塞萨利统治者听命于不列颠独裁,就像拉斯·波西那③统治伊特拉斯卡④氏族一样,但激烈的争斗常常难以产生这样的霸主。简而言之,塞萨利的整体情况就像巴尔干半岛上未开化的色雷斯部落一样,用希罗多德的话说,团结则无敌,分裂则无成。

就历史地位而言,彼奥提亚人远超塞萨利人。彼奥提亚人甚至在史前就形成了他们的治国理念:从帕纳索斯山脚到尤碧耶海⑤,从洛克里斯平原到科林斯海湾,整个国家是各联盟不可剥夺的财产。毫无疑问,

---

① 巴拿马地峡形成于二百八十万年前,位于加勒比海与太平洋之间,是连接南、北美洲的一个狭长地带,具有重要的战略地位。——译者注
② 合恩角位于智利南部,南美洲最南端,与南极洲相望。这里风暴异常,海水冰冷,是世界最恶劣的航道之一,有"海上坟墓"之称。——译者注
③ 拉斯·波西那,伊特拉斯卡国王,因与罗马发生战争而闻名。没有关于伊特拉斯卡统治时期的统一记载,罗马人的文献中,将此次战争记录为公元前508年。战争以罗马王被驱逐而告终。——译者注
④ 伊特拉斯卡,古代意大利城邦国家,位于现意大利中部。曾经创造了灿烂的伊特拉斯卡文明。很多意大利城邦国家都使用伊特拉斯卡语言和文化。——译者注
⑤ 尤碧耶岛是希腊第二大岛屿,狭窄的欧里珀斯海峡将彼奥提亚从希腊大陆分离,岛屿周围的水域称尤碧耶海。——译者注

拉斯·波西那

底比斯①是彼奥提亚联邦的典范。自治或独立的城市结成联盟,各项事务由彼奥提亚政务会每年选出的地方治安官管理。但这些掌管地方的残暴官员倒像是塞萨利的贵族,他们对平民的统治虽称不上敌对,至少也是漠不关心。如果这些评价合理,那么彼奥提亚人在波斯战争中的行为很大程度上都可以得到解释。

我们把视角从科林斯海湾北部的彼奥提亚转到历史初期的伯罗奔尼撒,就会发现占尽优势的国家是斯巴达。斯巴达几乎占尽伯罗奔尼撒半

---

① 底比斯,古希腊彼奥提亚地区最大的城市,是彼奥提亚联邦的领头羊。薛西斯一世远征希腊时,底比斯参与了抵抗。——译者注

第 2 章 希腊人的定居与管理

岛的南半部,西面吞并了整个迈锡尼[①],没有一寸土地流入阿尔戈斯[②]城的管辖之下。阿尔戈斯不仅曾一度在同薛西斯一世[③]的战争中冷漠以对,而且它对整个伯罗奔尼撒及很多地区都鞭长莫及。在被剥夺了类似迈格尼夏的一个狭长地带后,阿尔戈斯的实力就急剧下降。这个狭长地带从提里亚延至梅林海角,索纳克斯和扎勒克斯汇成的山脊将它从厄洛

薛西斯一世

---

① 迈锡尼城坐落于伯罗奔尼撒半岛的西面。约公元前 1900 年左右,迈锡尼人开始在伯罗奔尼撒半岛上定居,公元前 16 世纪上半叶逐渐成为奴隶制城邦国家,产生了迈锡尼文明。迈锡尼文明属于希腊青铜时代晚期的文明,是爱琴文明的重要组成部分。——译者注
② 阿尔戈斯,希腊伯罗奔尼撒半岛东部阿尔戈利斯地区最大的城市,是世界上最古老的、连续有居民居住的地区之一。——译者注
③ 薛西斯一世(前 519—前 465),波斯阿契美尼德王朝的第四任国王,是大流士一世与居鲁士二世之女的儿子。希波战争中,薛西斯一世率大军入侵希腊,洗劫了雅典,但在萨拉米斯海战中溃败。晚年纵情声色,死于宫廷政变。——译者注

塔斯山谷分离出来。无论在此处还是在别处,战争的时运都向斯巴达倾斜。在斯巴达的武力面前,阿尔戈斯已如夕阳西下。两次战争足以将迈锡尼变成废墟。征服者把疆界延至东西海岸,不仅使多里安①部落臣服,而且赢得了整个希腊的霸主地位。某种程度上还成功推行了普遍适用的法律,成了被征服国家的占领军。斯巴达填补并保持了一个堪比征服者威廉②和他的诺曼王朝③的位置,而征服者威廉却很难驱使他的臣民。对斯巴达人而言,自由和独立的家庭生活是被禁止的特权,他们永远处于战争状态,随时准备出征。他们必须在公共食堂吃饭,伙食的品质和数量都有着严格规定,伙食的年定额还会被剥夺一部分,以此来抵押必须上缴公共食堂的份额。一些人将斯巴达这套僧侣般严厉的制度看作是多利安式④的典型和典范。但对斯巴达人而言,这样的名声绝对不是恭维,甚至在最先产生这套特殊体制的克里特岛也看不到这样的管理。这套体制把斯巴达变成了十字军骑士的营地,迫使这个国家不仅向奢华宣战,也向艺术、优雅和哲学宣战。

这个奇异的民族由一个封闭的寡头集团管理。集团的首领有名无实,集团由两个国王协同运作,他们都称自己血管里流淌着绝世英雄赫拉克勒斯的血液,代表着英雄后代阿里斯托达莫斯⑤的双生儿子。如果

---

① 多里安,希腊早期主要的部落群体,很早就居住在地中海东部的克里特岛。多里安部落的艺术与建筑简朴而高贵。——译者注
② 征服者威廉,英国诺曼王朝第一位国王,世称英格兰国王威廉一世,1066 至 1087 年在位。威廉本是法国诺曼底公爵,盎格鲁-撒克逊王朝君主在 1066 年驾崩,威廉渡海侵入英国,号称"征服者威廉",是欧洲中世纪最具影响力的君主之一。——译者注
③ 诺曼王朝由征服者威廉缔造,在 1066 至 1154 年间统治英国,共有四任国王,对欧洲中世纪的政治、文化和军事产生了重要影响。——译者注
④ 多利安式,古希腊多利安部落群体的社会组织结构和生活方式,生活朴素,建筑风格简洁、质朴,是一种最基本、最古老的柱式结构。雅典卫城的帕特农神殿是多利安柱式建筑的最高典范。——译者注
⑤ 阿里斯托达莫斯,希腊神话中赫拉克勒斯的后代,英勇无畏,领导了伯罗奔尼撒半岛上反抗迈锡尼的斗争。——译者注

绝世英雄赫拉克勒斯

嫉妒和敌对就能证明人的血统的话，这两个国王绝对不是赝品。斯巴达人反倒愿意忍受他们之间的不和，以此来提防国王暴力统治，施行独裁。其他制衡国王权力的人也不愿束缚原本伟大的权力。由二十八位男性老者构成的政务会受委托协助国王起草章程，而后提交到定期在露天举行的公民大会上，由大家投票决定赞成还是反对。不过，还有一个由五位监督官组成的执行委员会，他们是所有斯巴达人选举出来的，有最重要的掌控权。通过每月交换誓言，两位国王依照既定法律行使他们的职能。在此条件下，五位监督官也发誓维护国王的权威。早期的国王有权按照个人意志对外宣战，但这项权力逐渐被监督官剥夺。其中两位监督官总会跟随国王远征，他们表面上是在执行国王的命令、加强国王的权威，但也会设法拴住国王的手脚。

斯巴达疆界内有三个等级分明的群体：斯巴希泰人、柏里伊赛人①和希洛人②。斯巴希泰人是第一等级，类似于塞萨利的贵族和封建领主。他们靠土地供养自己，认为农业或手工业之类的劳动

斯巴希泰人

---

① 柏里伊赛人也称"近邻者"，是斯巴达一些自治区的自由市民，属于斯巴达社会的二等公民，没有公民权，不能在斯巴达公民大会上投票。——译者注
② 希洛人，斯巴达社会的三等公民，是最低等公民，也称"黑劳士阶层"，他们没有公民权，靠耕作土地、缴纳税收度日，形同拴在土地上的农奴。——译者注

第 2 章 希腊人的定居与管理

是对他们身份的贬低。三类人互有关联,作为战士他们身份平等,都被称作"霍米米"①,共为同伴。但惩罚犯罪时就不一样了,没有向公共食堂缴纳每年规定的粮食份额的人,就被强制剥夺公民权。而这项惩罚往往落在那些无钱无地的人身上,就是众所周知的希波米安尼斯人②或"劣等人"。这很接近于后来美洲联盟中的奴隶制,即奴隶听命于"刻薄的白人"。这些低等公民随之被划归到第二和第三等级,等同于柏里伊赛人和希洛人。这两个等级在多利安入侵者的统治下逐渐衰落,他们丧失了所有的政治权利,但获得了人身自由。相较柏里伊赛人,更为不幸的是他们曾经的主人——希洛人,他们的等级最低,成了拴在土地上的奴隶。事实上,他们不是某些个体所有者的奴隶,而是整个国家的,国家可以随时调遣他们到军队服役。有时他们在重装军队服役,但多数时候是步兵。柏里伊赛人靠贸易经商获得财富,斯巴达人对此嗤之以鼻。希洛人靠种植农作物和增加人口积蓄力量。斯巴达的低等公民成了一个最不满、最危险的群体。

面对这样的社会现状,统治者当然会不安。斯巴达人对低等人有所顾虑,监督官不经审讯就可以判柏里伊赛人死刑。据说,当希洛人可能危及他们主人的权威时,就会被成群地消失。有个叫柯锐波提的警察机构,雇佣年轻的市民在拉科尼亚全境执行监察活动。考虑到斯巴达的地理环境,一个由四个村庄构成的没有围墙的城市,按照古老的村庄社区制度管理事务,却有效防御了所有外敌的入侵。可以说,尽管斯巴达宪法有诸多缺陷,但还是达到了它的基本目的,挑战了希腊世界的尊严。斯巴达的城建受到周边山势的束缚,只有两个出山口——厄洛塔斯和

---

① 战争时期,斯巴达的军队不再像平时管理社会事务那样等级森严,无论源于哪个阶层,士兵们都被称作"霍米米"。——译者注
② 希波米安尼斯人,指那些靠租用贵族和封建领主的土地为生,本身无地、无钱的人,是斯巴达社会的低等公民。——译者注

依诺斯。因此,斯巴达有必要摈弃城墙。另一方面,保留村庄不设防能更好地维持军事训练。斯巴达人的军事纪律比希腊任何其他城邦都严厉,他们将服从变成完美的制度。这套体制锤炼了个体公民的睿智,以至于没有什么灾难能阻止斯巴达军队从战场凯旋。雅典人在战斗中不够灵活,首领又不善管理。斯巴达体制不介意社会和政治差异,他们将公民分成小组,每个小组成员都明确自己的位置和责任。基于这些前提,我们不会惊讶早期历史中的斯巴达不仅是伯罗奔尼撒半岛的巅峰国家,而且普遍被视作冠以希腊之名的政治共同体领袖。斯巴达超群而卓越,这对希腊各个部落不无裨益,它为那些既不结盟也不妥协的社会提供了一种纽带关系。

几个进行体能锻炼的斯巴达青年

第 2 章　希腊人的定居与管理

斯巴达人对待艺术毫不做作，雅典成为世界奇迹的艺术辉煌尚未发生。此时的希腊在意大利、西西里和非洲的殖民或达巅峰、或近衰败、或成废墟。这也许在催人判断：波斯战争的历史就是希腊衰败的历史。财富和繁荣对后来时代的记忆而言只是空头衔，几个独立或孤立社会的命运不会给我们带来太多的启发或兴趣，也不会在我们已有的常识和经验之上再书一笔。然而，我们不可能不羡慕希腊殖民者的精力和胆魄。他们像环形腰带一样将地中海围绕其中，他们由蛮荒或半蛮荒的部落发展为繁华城市，这些城市的艺术富丽堂皇，这些城市的风气风雅奢华。而他们大多时候并没有自律的权力，也缺乏政治成长的技巧。

说到希腊人和波斯人的冲突，尤其引人注意的是，这样一个希腊殖民的黄金时代里，雅典完全成了其他城市的陪衬。要不是他们也有斯特里蒙河北面的安菲波利斯[①]这样的一两处殖民地，也许早被人们遗忘了。这场殖民竞赛中，无论是在意大利和西西里，还是在色雷斯和普罗庞蒂斯海岸，乔基斯[②]、科林斯、埃雷特里亚[③]和迈加拉[④]的表现都超过了雅典。但很可能雅典是后知后觉者，其他殖民城邦急速扩张，达到鼎盛，耗尽元气后，雅典才意识到它肩上的政治责任。此间默默无闻的雅典倒是为未来那场决定欧洲历史进程的战争积蓄了力量。尽管这些殖民地孤立行事，但他们无疑取得了辉煌的成就，攫取了惊人的财富。在西西里，希腊人发现了一片肥沃无比的土地。在这片土地上，尤其东南面的资源从来没有真正属于希腊，因为居住在意大利半岛上的邻居更加觊觎这片土地。构成这片肥沃土地的背景的山脊两侧，壮观、茂密的森林矗立于

[①] 安菲波利斯，雅典殖民地，坐落在斯特里蒙河上，并因此而得名。——译者注
[②] 乔基斯，希腊尤碧耶岛上的古城镇，最早出现在史诗《伊利亚特》里。——译者注
[③] 埃雷特里亚，希腊尤碧耶岛上的古城镇，是公元前6世纪至公元前5世纪重要的希腊城市，与当时的乔基斯互为劲敌。——译者注
[④] 迈加拉，古希腊阿提卡地区历史城镇，是阿提卡四个行政区之一，位于科林斯地峡以北，与萨拉米斯岛相对。——译者注

这片肥沃河谷之上。深夏时节，牧野碧绿，雨水冲刷的泥浆流入广阔的平原，那是成群的牛羊邻近冬季的好去处。富饶的土地芳香四溢，酒之浓郁、油之清醇、谷之纯香，完全掩盖了附近火山可能爆发的危险。近些时期，火山的破坏威力极大，改变了土地的面貌，大片地区有毒，不宜种植。这样的坏名声在两千五百年前根本不存在。基于这些原因，加之千百年来，这片土地虽不说混乱无序，但也没有被好好管理。我们大致可以推断，在克罗坦、锡巴里斯、萨瑞欧、锡瑞斯、泰勒斯① 以及麦特庞逊等城邦繁盛时期，这片土地是富饶而繁华的。泰勒斯仅在意大利南部拥有一个极好的港口，却形成了一套可以与雅典齐名、很大程度上超过了希腊其他殖民者的民主制度，而且还将民主思想辐射到意大利半岛的内部，使其获得了大希腊的名声。

麦特庞逊出土的一枚古希腊时期的银币，上面是麦穗图案

---

① 泰勒斯，古希腊城邦国家，坐拥意大利半岛南部一个港口，富饶、民主。其民主社会制度对意大利半岛产生过很大影响。——译者注

第 2 章　希腊人的定居与管理

科林斯的殖民扩张将美丽的科尔基拉岛变成了血腥的派系斗争的战场。科尔基拉岛北面的一湾海峡将它与大陆切断，这湾海峡只有欧里珀斯海峡那么宽，但却有绝佳的抵御外侵的优势。科尔基拉岛的面积中等，长不足四十英里，宽只有二十英里，不会有沿海殖民者遇到的困难和危险。因为沿海殖民者面前是海洋，身后是野蛮、心怀敌意的部落。岛屿最高处海拔不过三千英尺，岛屿北端的高地为岛屿赢得了现在的名字——科卢沃岛①。高地已沉降成平原，成片的橄榄树都是威尼斯统治时期种植的。这里土地肥沃，作物丰盛，酒香四溢。这不禁让人思考：殖民地区本可以跃升为希腊最和美的地区之列，但事实上，这里是希腊震荡最激烈的地区。同雅典结盟，作为甚少，暴力并没有趋缓，科尔基拉殖民地与科林斯的宗主城市之间的仇恨因故急速恶化，希腊的首次海上战争就是在这两个城市之间展开的。

面向科尔基拉岛的大陆上居住着一些部落，其中一些可能或多或少属于希腊族系，剩下的被认为是野蛮不化的族群。然而事实绝非如此，这样的断言应细加斟酌。有些部落接受希腊人，有些部落反对希腊人。这一事实足以证明，一些寻求解释希腊社会局限的理论疏漏不实。从社会和道义上讲，这些部落不相上下。希腊全国群山四起，建立城市难乎其难，即便广为散布的村庄社区之间有联系，也只存在微弱的关系。这些部落中名望最高的是阿卡南人，他们的憨实相比残酷的邻居艾托利亚人优势尽显。北面的部落是人们熟知的南希腊人，他们普遍被称作伊庇鲁斯人或大陆人。这些大陆人又各自被称为科尼恩人、泰斯普罗提亚人和摩罗西亚人②，等等。这些部落中，有历史学家否认他们具有希腊人特性，尽管他们自己彼此承认。再往北和东，地域广阔，一些多多少

---

① 也叫科孚岛。——原注
② 科尼恩人、泰斯普罗提亚人和摩罗西亚人是希腊南部十四个伊庇鲁斯地区部落中的大部落，统称南希腊人。——译者注

彼此类似的部落居住在这里，尽管他们自己不承认，但他们可能都和希腊的一些野蛮族系有关联。这些部落中最突出的有伊利里亚人①、马其顿人②和色雷斯人。他们各自又有数个分支，具有共同特征：居于乡野，天生抗拒政治结盟和城市生活。这里乡野空旷，崇山峻岭，是军队行进时不可逾越的障碍。我们至多可以说他们生活在村庄社区里。有些部落其实根本不知道社会是什么概念，很多只能说是强盗。有的想出走，就

两名狩猎的马其顿人

① 伊利里亚人，古代印欧部落，居住在巴尔干半岛西部。古希腊人通常将他们北面的邻居称为伊利里亚人。——译者注
② 马其顿人，古希腊马其顿地区的部落群体，位于希腊北部，古希腊马其顿王国统治着这片区域。他们与斯拉夫语系的马其顿部落渊源不同，后者主要居住在现在的马其顿共和国，祖先可以追溯到古希腊的佩奥尼亚王国。——译者注

卖子卖女，更多的是做雇佣兵，去维护最恶劣的希腊独裁的权力。更为野蛮的是伊利里亚和色雷斯氏族，他们文身，保留"人祭"，而这在希腊早已成为遥远的过去。和平时期他们不结盟，战时却赶时髦，打发山里人涌入战场，而后又将他们召回来收割庄稼，自己却乐享美食，在寒冬中沉睡。像苏格兰高地①人作战一样，他们的军事战术仅限于向敌人横冲莽撞，如果不成，就急匆匆后退，跟向前冲时一样迅捷。幸运的是，在他们拥有的广阔平原上河流纵横，水量充沛。希罗多德时期的马其顿人并没有扩张到海岸，但相较他们的邻人还是很优越。传统上，他们是非希腊人的代表，受纯正的希腊血统统治。希罗多德曾描述过这样一个传言，看似事实，但却无从考证：曾有一位希腊国王想参加奥林匹亚运动会，由于非希腊族裔的身份而被禁止参赛。希罗多德之后的几代人中，

古希腊奥林匹亚运动会中的火炬竞赛

① 苏格兰高地和苏格兰低地是中世纪以后逐渐演变出的两个文化概念，苏格兰高地历史悠久，崇山峻岭，人烟稀少。——译者注

马其顿人将成为希腊甚至世界的霸主。但希罗多德不认为他们是坎伯尼山北面最令人敬畏的民族,倒觉得组织能力稳健的色雷斯事事都走在马其顿前面。但色雷斯人是铁石心肠的野蛮人,他们是恶棍,他们买来妻子,像畜生一样放养孩子,而后将他们卖作奴隶。

这些野蛮部落占据的沿海地区散居着一些希腊殖民者,但最先在此殖民的并非雅典和斯巴达,虽说它们各自是爱奥尼亚^①部落和多利安部落的领头羊。这场殖民竞赛中,乔基斯和埃雷特里亚城里的尤碧耶部落占了先机,乔基斯最早开始在西西里殖民,"乔基迪克"这个名字可以证实这一点,它指塞尔迈海湾到斯特里蒙海湾这条线以南的大片区域。两个海湾之间突出来的三个半岛的最东端矗立着阿克忒山,也就是广阔而雄伟的阿陀斯山。山影最远可以倒映在利姆诺斯岛上,山体高耸,山

阿克忒山与利姆诺斯岛

---

① 爱奥尼亚,古希腊四大部落群体之一,其他三个是多利安、亚加亚和伊奥林。爱奥尼亚语、多利安语和伊奥林语是古希腊三大古语。——译者注

第 2 章 希腊人的定居与管理

顶到海岸的距离超过六千英尺，山脊与其他一些山脉的山脚相连，中间的锡索尼亚半岛地面更开阔。在这些地带，或者说在其他的"乔基迪克"城市之间，奥林索斯、托勒奈等市镇兴起。科林斯的殖民地波蒂戴阿坐落于帕里尼半岛的颈口，再往东接近斯特里蒙湾口，我们会找到薛西斯一世侵略史中的"九条路"[①]，位于小镇伊顿尼亚。薛西斯一世惨败后，雅典在此成功建立了安菲波利斯殖民地。达达尼尔海峡和普罗庞蒂斯海峡的欧洲一边是塞斯托斯镇的艾厄勒斯部落和拜占庭的迈加拉居民，是后来罗马和土耳其苏丹的都城。

考虑到希腊在亚洲大陆殖民城市的数量和壮观程度，我们不得不叹服希腊人在亚洲的殖民成就。然而，希腊人遍布各地，这种离心趋向给希腊人带来了极大的危险，但他们并没有结成政治结盟来提防这些危险，没有实现有效的安全保障。在西西里和非洲，一些部落让希腊人疲于应付。我们不能说这些部落是野蛮人，否则很不公平。在亚洲，希腊人遭遇了力量强大、组织完备的吕底亚王国的抵抗，情势迫使他们向吕底亚君主俯首称臣，而后又惨遭波斯暴君的奴役。

希腊人保持殖民独立的美梦被吕底亚王国粉碎了，他们成了一个由不同部落构成的国家。这些部落之间几乎甚至全部存在某种程度的姻亲关系。不管源自何处，他们都居住在一个希罗多德为之骄傲并热情述说的地方：宜人的气候、富饶的土地、壮观的风景，这使爱奥尼亚成为希罗多德眼中地球上最美丽的地方。爱奥尼亚的美丽不仅限于精致的山谷中，这里主要是希腊的亚洲少数族裔居住地。这里唯一的缺点是：尽管他们盛产粮食、水果和牛羊，但就是没有橄榄油。甚至这片广阔半岛上一片较冷的地区——托勒斯山系以北的中部大平原，土耳其人也为之

[①] 九条路位于古希腊时期色雷斯小镇伊顿尼亚，薛西斯一世远征希腊时曾到过此地。伊顿尼亚后来成为马其顿的一个行政区。——译者注

觊觎，但他们的贪婪、腐败和暴政很快变成了空旷荒野里的哀号。托勒斯山系朝北、西、南分向延伸，将整个国家分割。山势向海而降，山谷里溪水潺潺，清澈见底。艾达山自达达尼尔海峡峡口向西南方向延伸，构成了南面土地的屏障。格朗尼克斯河及其他河流穿过这片土地，汇入普罗庞蒂斯海峡或马莫拉海。东南方向有一条引人注目的山系与托勒斯山脊相连，山系向西南延伸，形成了一系列几近平行的山脊。山脊之间是一些有名的亚洲少数族裔居住的平原，每片平原各自都有河流和支流灌溉。其中一条河叫凯克斯，经北面的噶格罗斯山、泰莫斯山和南面的派莱克斯山汇成的三角洲进入艾莱亚提克海湾。派莱克斯山和再往南的希波勒斯山、茂勒斯山之间是赫莫斯峡谷，在撒尔迪斯要塞以北的几英里处流入帕克托勒斯河，而后汇入士麦那和佛卡亚之间的爱琴海中部。士麦那以东是拔地而起的奥林匹斯山，盖斯特洛斯河从奥林匹斯山和迈斯欧吉斯山之间穿过，汇入以弗所附近的海里。最后，在迈斯欧吉斯南面的山坡之间，曲折蜿蜒的曼德洛斯河一路向西，地势比迈格尼夏稍低一些，而后像赫莫斯峡谷一样向南折转，归入与其同名的海湾里。由此向西是莱特米安山，在那里，正如神话中所说，月神塞勒涅[①]凝视着熟睡的恩底弥翁[②]。这样，流经群山之间的凯克斯、赫莫斯、盖斯特洛斯和曼德洛斯这四条河流沿着几乎平行的河道，穿过历史罕见的肥沃平原，浩荡入海。撒尔迪斯古城的废墟汇集了吕底亚王国的种种回忆，从北面的阿比多斯古城到面朝罗得岛的海岬，爱琴海的每一个海湾与海岬都触发了我们对古老神圣名字的回忆。其中较为重要的一个是希罗多德的出生地——哈利卡那索斯。而点缀着麦凯莱山下海滩的耀眼城市是普拉提

---

① 塞勒涅，希腊神话中的月亮女神，与罗马神话中的卢娜相对应。——译者注
② 恩底弥翁，希腊神话中伊奥林地区的牧羊人，月神塞勒涅的情人。——译者注

月神塞勒涅凝视着熟睡的恩底弥翁

亚,波斯统帅马多尼奥斯①在此承受了命运对他的安排,野蛮人的舰队被摧毁。

　　为了抗击孤立的希腊乡村社区,吕底亚最后的统治者克洛伊索斯举全国之力,决心将遍布于这片美丽土地上的希腊人赶出去。克洛伊索斯首先对以弗所下手,而后对其他所有希腊城市减少供给。结果是,除了受托勒斯山阻隔的利基②人和基利吉亚③人的地盘,吕底亚国王成了哈吕斯河以南所有领土的霸主。这次征服给吕底亚人带来了时运的变化,但吕底亚也成了随时可能遭受突如其来、无法弥补的灾难打击的广阔帝国,这些灾难会不时改变亚洲世界的面貌。假如希腊人改掉他们的孤立本性,和坚毅的英国人合作,他们的同盟可能在薛西斯一世踏足欧洲疆土之前就已将其粉碎,但没有什么危险使他们觉得有必要做出这样的牺牲。于是,克洛伊索斯的皮鞭很快就换成了波斯暴君的蝎子。

---

① 马多尼奥斯,公元前5世纪希波战争的波斯军事统帅,死于普拉提亚战役。马多尼奥斯迎娶了大流士一世的女儿,但他同时也是大流士一世的叔叔,当时这是符合习俗的。——译者注
② 利基,古代安纳托利亚的一个地区,现在土耳其境内,历史源远流长,在青铜时期的希泰帝国和古埃及文献中都有记载。在希波战争中曾与波斯作战。——译者注
③ 基利吉亚,古希腊语中也拼作Cilicia,位于小亚细亚以南,塞浦路斯以北,曾是独立的政治实体,现在土耳其境内。——译者注

第 3 章
居鲁士二世、冈比西斯二世和大流士一世统治下的波斯帝国

精彩看点

居鲁士二世与阿斯提阿格斯——米底亚王国——米底亚、吕底亚王国和亚述帝国——米底亚人——波斯的疆域——吕底亚王国与亚洲的希腊人——克洛伊索斯与居鲁士二世之战——克洛伊索斯的成败——克洛伊索斯当政的各种说法——克洛伊索斯之后的亚洲少数部落——居鲁士二世远征巴比伦——巴比伦沦陷——居鲁士二世之死和冈比西斯二世入侵埃及——埃及之母：尼罗河——埃及人——埃及向希腊人敞开大门——尼科二世、阿玛西斯和萨米尼特斯统治时期——波斯征服埃及——冈比西斯二世远征埃塞俄比亚和大沙漠失败——冈比西斯二世远征迦太基失败——冈比西斯二世谢幕——贝希斯敦——米底亚和巴比伦暴动——波利克雷蒂斯专制统治下的萨摩斯——大流士一世统治下的波斯帝国——迪莫基兹——大流士一世远征塞西亚——色雷斯人臣服于大流士一世

谁是波斯君主制的缔造者？关于这个问题有诸多历史著述，希罗多德认为将居鲁士二世看作米底亚国王阿斯提阿格斯①的外孙这一说法最可信。阿斯提阿格斯曾受到一则预言的惊吓，说他女儿的孩子将是他的掘墓人。于是他将刚出生的孩子交于哈尔帕哥斯②，令他立即杀死这个孩子。哈尔帕哥斯听从了妻子的劝告没有把孩子杀死，而将他交给一位高尚的牧羊人。牧羊人将孩子抱回家，发现妻子刚刚生下一个死胎，于是就把死胎交出而将抱回来的孩子当成自己的儿子抚养。数年之后，在村子里的一场游戏中，这个男孩扮演国王，他演得好极了，以至于有抱怨声传至国王阿斯提阿格斯那里。孩子的身份终于暴露，他就是居鲁士二世，这个注定死亡的人却被证明是天生的国王。阿斯提阿格斯又恐又怒，决定报复哈尔帕哥斯，邀他赴宴并让他在宴会上吃下自己儿子的尸体。占卜师说村童选居鲁士二世为国王已经成功破解预言，阿斯提阿格斯的恐惧这才平复下来。但哈尔帕哥斯却决意让居鲁士二世再一次，甚

---

① 阿斯提阿格斯，米底亚最后一位国王，在位三十五年，被自己的外孙居鲁士二世废黜。阿斯提阿格斯统治下的米底亚一度十分强大，他同自己的两个姐夫结为同盟，一个是吕底亚国王克洛伊索斯，一个是巴比伦国王尼布甲尼撒二世。后者据说为自己的王后建造了举世闻名的巴比伦空中花园。——译者注
② 哈尔帕哥斯，米底亚国王阿斯提阿格斯手下的将军，在帕萨格达战役中背叛阿斯提阿格斯，促成居鲁士二世称帝。——译者注

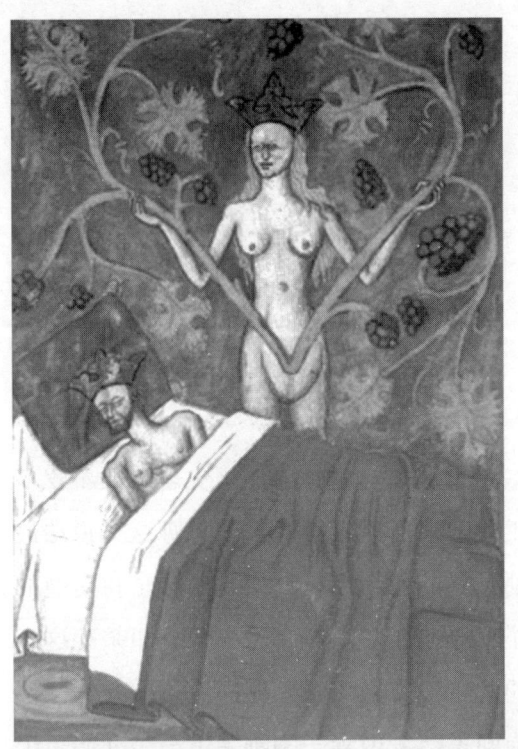

阿斯提阿格斯做了一个怪梦,他梦见怀着孕的女儿身上长出了葡萄藤

阿斯提阿格斯让哈尔帕哥斯抱走小居鲁士并杀死他

哈尔帕哥斯将小居鲁士交给牧羊人

至更多次验证预言。他鼓动居鲁士二世起来造反,终于摘掉了暴君的王冠。居鲁士二世召集一些显然是来自小镇上的波斯部落居民,许诺他们只要砸碎暴君套在他们脖子上的枷锁,就给他们自由,也就是免交赋税。有一件事刺激了这些小镇的人:劳累一天后竟被拒绝参加一次奢华的宴会,这使他们义无反顾地将命运交付于居鲁士二世。这样,为了攫取压迫别人的力量,他们很快扭转了受压迫的局面。

混乱的氏族治理和拥挤的地域空间促发了米底亚的传奇宪政。据说,米底亚的缔造者迪奥塞斯[①]从一开始就瞄准了专制统治。他亲自参与司法管理,对拥戴他的那些没有法律权力的人施以司法公正,但他至多只是给自己赢得了一个英明、公正的名声。借口说他不能无偿地承受持续的税负,迪奥塞斯又从自己实施的宪政中脱身。后来,米底亚七个部落召开政务大会,推举迪奥塞斯为王。迪奥塞斯令他们为自己建造一座有七重城墙的宫殿,最中间用作他的住所。他终究也成为残忍、贪婪的暴君。米底亚有一座埃克巴塔那城,统治者声称让各个部落独立,以此换取他们去反抗尼尼微的亚述国王。这个故事可能预示着米底亚与尼尼微之间关系的一些变化,但这个故事中所描述的东方君主制的渊源并非像米底亚人理解的那样,而是像希腊人表现的那样,即暴君通过艺术而一路登至权力之巅。米底亚氏族之间派系斗争激烈,司法体制僵化,而迪奥塞斯又伪善。他急速为自己建造城堡,并派卫兵层层保护。所有这一切都具备了希腊历史的特征,而不像来自东方的暴君。迪奥塞斯那严酷、劳民伤财的施政风格突显了希腊式的理想,没有哪个亚洲的统治者会有这样的企图。

在希罗多德看来,无论迪奥塞斯带来什么样的政治变化,亚述国王们的首都尼尼微并没有遭受什么灾难。迪奥塞斯的儿子弗拉欧尔特斯统

[①] 迪奥塞斯,米底亚第一位国王,在位五十三年,确切时间不详。——译者注

第3章 居鲁士二世、冈比西斯二世和大流士一世统治下的波斯帝国

尼尼微遗址

治二十二年后，死在了都城内。据说，他的继任者基亚克萨雷斯为了替父报仇再次包围尼尼微，但塞西亚人的入侵迫使他放弃了此次包围行动。这样，在米底亚的塞西亚人就成了为国王纳贡的人，拖欠纳贡的人会受到严厉惩罚。许多逃亡者在阿律阿铁斯二世①统治的吕底亚找到了避难所。克洛伊索斯是阿律阿铁斯二世的儿子，是吕底亚王国的最后一位君主。阿律阿铁斯二世拒绝向塞西亚人投降，导致了一场持续了六年的战争。战争结束的一部分原因是期间出现了日食，另一部分原因是巴比伦国王雷比尼托斯和基里吉亚首领赛恩奈西斯介入了调停。这些统治者认为应该让米底亚王冠的继承者阿斯提阿格斯与阿律阿铁斯二世的女儿联姻来为和平加码。巴比伦国王那波帕拉萨②的儿子尼布甲尼撒二世③和

---

① 阿律阿铁斯二世，吕底亚莫姆南迪王朝第四任国王。他的儿子克洛伊索斯继位后，与波斯居鲁士二世的军队交战，最终被波斯吞并。——译者注
② 那波帕拉萨，闪米特人，古巴比伦国王，摧毁新亚述帝国的核心人物，之后任巴比伦国王二十多年。——译者注
③ 尼布甲尼撒二世，新巴比伦帝国第二任国王，在位时间最长，达四十三年。在位期间国力也最强盛。——译者注

吕底亚王国最后一位君主克洛伊索斯

尼布甲尼撒与妻子

基亚克萨雷斯的女儿的婚姻加固了米底亚与巴比伦之间的同盟。这样，克洛伊索斯成了阿斯提阿格斯的姐夫，阿斯提阿格斯成了尼布甲尼撒二世的姐夫。这样的链条似乎很牢靠，但在居鲁士二世抢夺了阿斯提阿格斯的王冠后，链条就断了。希罗多德认为，替妻子的哥哥报仇这件事并没有给尼布甲尼撒二世增添太多烦恼，倒是让吕底亚的克洛伊索斯有了一个强烈的愿望：掂量实力，对抗波斯王。据说，基亚克萨雷斯在那波帕拉萨的协助下取得了非凡的胜利，推翻了亚述王朝，使尼尼微成为吕底亚政权的附庸国。

米底亚统辖下的广阔疆域已归波斯居鲁士二世统治，但对米底亚人而言，推翻阿斯提阿格斯并没有带来实质上的变化。米底亚依然是第二大帝国，米底亚人与征服者希腊人的关系无法剪断。希腊人总是以米底亚而不是波斯来谈论他们，也总是给那些站在侵略暴君一边的同族人标上"米底亚同族人"的标签。埃克巴塔那依然是一座"皇城"，依然是波斯王夏日的行宫。

亚洲的最高权力就传到这样一个当权者手中，他的主要力量在一个相对较小的国家，国家的名字依然叫法尔斯或法尔西斯坦。根据希罗多德的描述，这里崎岖、贫瘠，但并非不适合建国。除了山区与沿海之间的炎热地区外，这里主要以绵延的山系形成的高原为主，是美索不达米亚平原的屏障。高原向东延伸，不断变宽，最后形成波斯高原。就整个国家而言，也许我们可以说：有水的地方就有良田。现在已是沙漠的许多地区在居鲁士二世时期却是草肥、水美、果香。据说居鲁士二世曾告诫他的臣民，如果想要移民到更加富饶的土地上，就必须保证永远脱离原属国。这里以大山为屏障，峡谷险峻，山路弯弯，流水滔滔，峡谷两岸横架着数架单跨桥。这片美丽而凄凉的土地上并没有建起太多的城市。锡拉兹[①]几

[①] 锡拉兹位于今伊朗西南部，是古波斯最古老的城市之一，法尔斯省的首府，其贸易中心地位持续了上千年。——译者注

第3章　居鲁士二世、冈比西斯二世和大流士一世统治下的波斯帝国

锡拉兹城门遗址

乎正北约六十英里处是波斯城堡帕萨格达①的废墟遗址。锡拉兹与帕萨格达两个城镇的中间是一片更大的平原，上面坐落着第二座都城珀赛波利斯②。两条河流穿过平原，水草丰美。尽管有部分崎岖的山地，还有一部分贫瘠的高原，但与三千至五千英尺高的广阔山区相比，这里已是得天独厚。这片广阔的山区自扎格罗斯和埃尔布鲁兹向西北绵延，方圆五千五百英里。东面是萨里曼山和哈拉山，南面是绵延不绝的海岸线，几乎将波斯高原与印度衔接起来。这片广阔的疆土中，几乎三分之二是沙漠，其中几条不太起眼的小河不到炎热的夏天就断流了。这样一个国度里，大部分人过着游牧生活，埃克巴塔那的绿草田园和宜人气候吸引

---

① 帕萨格达，古波斯第一帝国城市，居鲁士二世统治时期的首都，居鲁士二世曾亲自主导了都城的建造。——译者注
② 珀赛波利斯，古波斯第一帝国阿契美尼德王朝的都城，是典型的阿契美尼德建筑风格，已列入联合国教科文组织世界遗产名录。——译者注

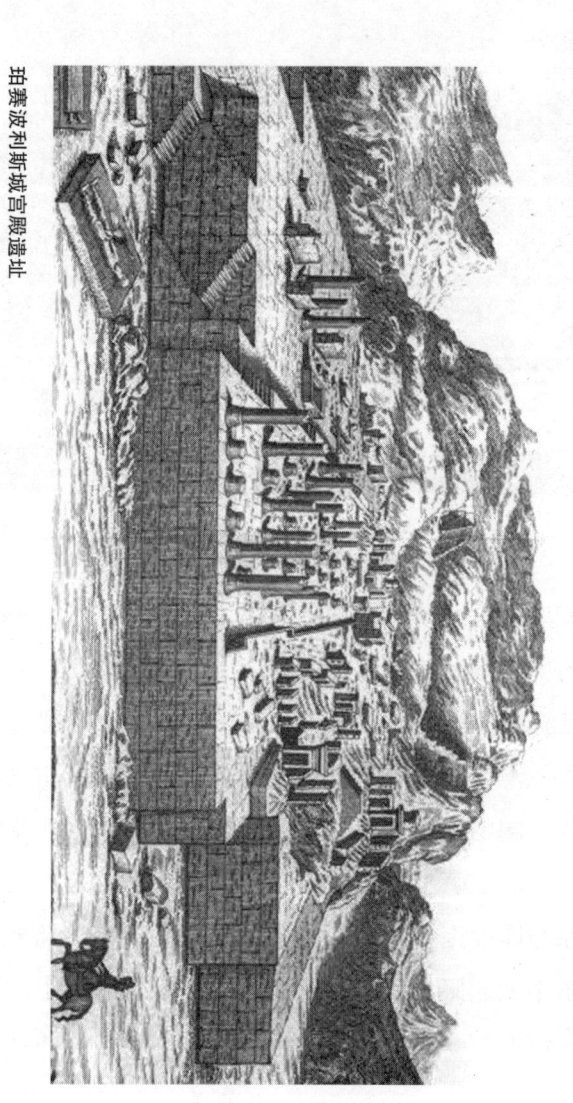
珀赛波利斯城宫殿遗址

珀塞波利斯城宫殿复原图

了众多氏族，他们带着牛羊与帐篷离开烈日焦烤、滴水难求的原住地，慕名来到这里。

曾经属于雅利安部落首领统治的大片土地现在已纳入哈吕斯河以西吕底亚国王克洛伊索斯的统治之下。征服的胜利给吕底亚君主带来了广阔的领土，但同时也将他置于了危险的境地。以他现在手中的权力继续扩张将不成问题，他也因此更加令人生畏。然而，克洛伊索斯与亚洲希腊人的关系使撒尔迪斯发生的那场灾难具有重大意义，而远不止是米底亚暴君阿斯提阿格斯和波斯暴君居鲁士二世之间的权力转移问题。希腊殖民者丧失的不仅是本就毫无保障而又令人厌恶的政治独立，他们在吕底亚国王的统治下灾难重重，他们每年不得不缴纳定额的税贡，还要在吕底亚军队服役。为了提防他们，克洛伊索斯下令拆掉一些城市的围墙，而他们准备对波斯王起兵造反时，又被迫重新修建这些拆掉的围墙。不过，在希罗多德看来，相比吕底亚国王本人承受的来自波斯的奴役，希腊殖民者受到吕底亚这位亡国君主的奴役就只能算是轻徭薄赋了。

克洛伊索斯与居鲁士二世之战的动机和起因明显有三个：其一，克洛伊索斯的野心；其二，他想为他的大舅哥阿斯提阿格斯报仇；其三，波斯王居鲁士二世的垂涎与贪婪。这些理由可能前

居鲁士二世

第 3 章 居鲁士二世、冈比西斯二世和大流士一世统治下的波斯帝国

后冲突，与克洛伊索斯时代的宗教信仰传统不一致，与描述这位吕底亚国王的生活的戏剧中所呈现出来的看法也有不少矛盾。但爱琴海岸的征服史足以证明这位吕底亚国王的野心，同时居鲁士二世的一路凯歌也足以证明克洛伊索斯的这位劲敌是多么善于进攻。战争的缘由不无关联。对居鲁士二世而言，吕底亚与米底亚的结盟足以让他对吕底亚下手，他害怕复仇者会削弱他的帝国和霸权。毫无疑问，倘使克洛伊索斯能诱使希腊人为他作战，增强军力，也许就能摧毁这位波斯霸主。居鲁士二世尽其所能分裂了爱奥尼亚人和他们的征服者的关系就足以证明这一点，同时这也反映出这位吕底亚君王的温良仁善之本性。克洛伊索斯似乎完全看到了求助希腊人的必要性，他加入了爱琴岛上一些城市组成的联盟，还与斯巴达人结成了同盟以寻求转机。然而，这些岛民态度漠然，关键时刻斯巴达人又袖手旁观，结果只能是他和这些希腊臣民一起对波斯侵略者俯首称臣。以上我们大致勾勒出这场战争的轮廓，吕底亚王国以失败而告终，它的终结比其他东方帝国早了许多。除此之外，我们找不到其他翔实的史料，也没有信心来记录发生过的一切。据说在战争伊始，克洛伊索斯就受到过警告，这表明关于这场战争的众多说法并未触及历史真相，我们今天所知道的只是对历史真相的暗示或不甚连贯的陈述，而不是完整的事实链条。如果有谁对克洛伊索斯说，他在这场战争中一无所获、全盘皆输，那简直是荒唐可笑的。将米底亚的征服者和尼尼微的霸主描述成贫瘠国家的统治者显然也是荒唐的。有人说波斯人反抗吕底亚人一定是上帝的旨意，这种想法更荒唐。克洛伊索斯心头的巨大恐惧来自亚洲波斯帝国贪婪的征服欲望。

克洛伊索斯生活的时代，人们的宗教情感得到启蒙且广为接受。后人出于宗教情感认为克洛伊索斯可悲的失败原因在于他坚守的信仰。就像火花会飞扬一样，他注定会遭殃。撒尔迪斯的那场灾难见证了一位正直国王的失败，也见证了一位正直之人的失败。生命的戏剧勾画得如此

壮观，令人唏嘘而又动人心魄。克洛伊索斯——一个巨大财富的继承人，坚不可摧的王国的霸主，享受着无与伦比的蓝天与美景。就像具有致命缺陷的阿喀琉斯一样，他一出场就被刻画成精力旺盛、野心勃勃、快乐无比的人。一路走来，依靠神佑，他信心满满，君临天下。他拥有帕克托勒斯的金色沙滩，对别迦摩金矿的贪婪开采使他的财富源源不断，世人皆知。克洛伊索斯富甲天下，无忧无虑。时光飞逝，他终于遇到了雅典的梭伦，这个伟大的法律制定者对克洛伊索斯的财富和荣耀毫无兴趣。他说，不到快乐地死去，没人堪称快乐。简单的一句话像是不祥之兆，预示着克洛伊索斯即将大难临头。目前为止，尚无一片阴云遮盖住克洛伊索斯繁荣的光芒，只有他的小儿子阿蒂斯沉默不语。阿蒂斯活泼、勇敢、英俊，是克洛伊索斯一生的骄傲和希望，但这些并不能弥补他的罪过。神谕传来，这个无可匹敌的孩子必须被长矛刺死。克洛伊索斯把所有的武器藏起来，让阿蒂斯和一个婢女结婚，希望她的爱会使阿蒂斯改变主意，远离危险行为，却徒劳无功。有人来到克洛伊索斯的院子，恳请为阿蒂斯自杀未遂的罪过进行祷告。克洛伊索斯愿意将王位让给他。牧师来宣布阿蒂斯无罪时，又有人来恳求克洛伊索斯派阿蒂斯去打猎，杀死那只毁坏他们土地的野猪。克洛伊索斯随即指派那个来祷告的人保护他的儿子，可这个人的名字恰恰叫阿德拉斯托斯，意思是"凶兆"，神谕所说的"矛"就是阿德拉斯托斯。此次行动给阿德拉斯托斯带来的痛苦无法言说，他最后在阿蒂斯的坟墓旁自杀身亡。克洛伊索斯接受了这个他无法掌控的结果，认为这是神的意志，无法怪罪。阿斯提阿格斯战败的消息使克洛伊索斯难过了很久。预示他儿子死亡的预言已成事实，尽管难以言明，但他还是慢慢相信了神谕的存在，终于决定去检验那些他本应有所质疑的预言。如果他事先对此怀疑，那么，是与居鲁士二世决出胜负，还是将此事搁置一边，也许会有不一样的选择。

　　克洛伊索斯对这个预言的验证只有两点站得住脚，其中最令他满意

克洛伊索斯（中）与梭伦（右）、小儿子阿蒂斯（左）

克洛伊索斯带梭伦参观他的财宝

第3章 居鲁士二世、冈比西斯二世和大流士一世统治下的波斯帝国

的是来自神秘之城德尔斐①的神谕。他从这个神谕中获知,如果他对波斯宣战,将会摧毁一个强大的帝国。但这并没有使他疑虑全消,他接着问他的帝国会延续多久,得到的回答是,如果顽固的人在米底亚掌权,他应赶快逃离,不要留恋。克洛伊索斯对这样的解释非常满意,相信米底亚不可能有顽固的暴君,于是他率军渡过了哈吕斯河。战斗不分胜负,克洛伊索斯退回到撒尔迪斯,解散了军队,命令他们来年春天归队。然而,居鲁士二世知道了克洛伊索斯的动机,调整了军队的行进战略,以便在克洛伊索斯解散军队后到达撒尔迪斯。仰仗吕底亚重装军队的骁勇善战,克洛伊索斯贸然迎战,可居鲁士二世先让成群的骆驼出战,吕底亚的战马受到惊吓,载着骑兵逃离了战场。克洛伊索斯在位已经十四年,居鲁士二世的围攻持续了十四天,随之发生的一件事导致了撒尔迪斯的沦陷。克洛伊索斯与其他十四位吕底亚人被套上锁链,被赶到一大堆木柴上。波斯人或许是以此方式向上天祭拜他们初获的胜利,或许是想看看天神怎样对待一个曾经何等敬仰他们的人。此时的克洛伊索斯痛苦万分,他想起梭伦对他说的话,活着的人没有谁堪称快乐。他叹息一声,沉默良久,然后大喊三声梭伦的名字。居鲁士二世把随行翻译官叫到身边问他喊的是谁,几次逼问后,翻译官道出实情:梭伦和克洛伊索斯曾经打过照面,梭伦认为这位吕底亚国王的财富不值一提,对他及所有幻想人生幸福的人不以为然。听到这个故事,居鲁士二世深有感触,自己也只不过是一个人,正准备烧死曾经和他一样富有的人。他下令把克洛伊索斯带下木柴堆,但为时已晚,木柴已经点燃,火势正猛。克洛伊索斯看出居鲁士二世已改变主意,便祈求福玻斯·阿波罗过来救他,这个人曾经多么想取悦他,可现在他无动于衷。突然,狂风大作,晴朗的天

---

① 古希腊人认为德尔斐是世界的中心,是神圣之地。每逢重大事件发生,人们都会来这里祈求神谕,以便做出正确决定。——译者注

德尔斐复原图

空霁时乌云密布，暴雨倾天而泻，扑灭了烈火。居鲁士二世知道他的对手是个好人，上天眷顾他。克洛伊索斯走下火堆，居鲁士二世问他："是谁让你踏进我的领土成为我的敌人而不是朋友？"克洛伊索斯回答道："是希腊神的旨意，没有谁毫无理智，一味好战，让父亲埋葬儿子，不像和平时期让儿子埋葬父亲。"此时，撒尔迪斯遭遇烧杀掠夺、混乱一片。克洛伊索斯问身边的居鲁士二世道："波斯人正在城里做什么？"居鲁士二世得意扬扬地说："当然是掠夺城市，作践你的臣民啦！"克洛伊索斯急中生智，说："你错了。他们是在抢夺你的财物，因为我和我的臣民已经一无所有。不过你得小心，抢到最多财富的人定会起来反抗你，请派你的卫兵把守各个城门，命令他们截下所有的财物，就说必须先向宙斯缴纳什一税①。"

---

① 什一税指给宗教团体组织或政府缴纳的十分之一的税收，古代通常用粮食缴纳什一税，现代则通常以现金、支票、股份等形式缴纳，但犹太人依然以粮食缴纳这项税收。《圣经》中有这样的教义：必须缴纳什一税，这事关正义、怜悯和忠诚。——译者注

第3章 居鲁士二世、冈比西斯二世和大流士一世统治下的波斯帝国

居鲁士二世听了很高兴,就让克洛伊索斯协助他。克洛伊索斯祈求先将身上的枷锁拿下,接着质问居鲁士二世,他是否习惯恩将仇报。克洛伊索斯的信使将他的质疑送到德尔斐的女祭司手里,得到了这样庄严的回应:即便是神也无法逃脱既定的命运。作为第五代王国继承人的克洛伊索斯因为自己先祖的罪恶而遭受了惩罚。他的先祖曾经应一个女人的恳求杀死了一个领主,攫取了他的权力。神的确力图使灾祸降临在克洛伊索斯的孩子身上,但他不可能将命运旁置一边。攻打撒尔迪斯拖延了三年,决定攻打也是受命运的指使。木柴堆上火势凶猛,大祸临头之时,他得到神的护佑。然而,因为那个神谕而责备上帝就是他的错了。神谕说如果他攻打波斯人会毁灭一个伟大的王国,他至少也该想想神是在谕

信使将克洛伊索斯的质疑送到德尔斐女祭司手里

指他的王国还是居鲁士二世的王国。克洛伊索斯也没弄明白神谕中顽固的人到底指谁,因为居鲁士二世本人就很顽固。他是一个米底亚女人——阿斯提阿格斯女儿的儿子,天生是薄情寡义的波斯男人。回头再看看撒尔迪斯这场失败,克洛伊索斯终于明白了,神没有错,错在他自己。

克洛伊索斯的故事被用来佐证当时的宗教信仰。整个故事最突出的观点是代偿观和神的嫉妒。前者毫不考虑代偿者个人的痛苦,后者无法忍受高尚者的过多快乐。罪恶的人可以平安到死,可第五代传人克洛伊索斯,一个敬畏上帝且正直的人却必须对先祖的罪恶承担责罚,这种命定观并没有对人的精神品质产生影响。吕底亚王国缔造者迦吉士①的繁荣与王朝终结者克洛伊索斯的衰败并不能证明正义之神是在拥护迦吉士

迦吉士

---

① 迦吉士,吕底亚莫姆南迪王朝的缔造者,统治时期大约在公元前687年至公元前652年间。他曾是前任吕底亚国王的保镖,谋杀了国王,窃取了王位。——译者注

第 3 章　居鲁士二世、冈比西斯二世和大流士一世统治下的波斯帝国

而反对克洛伊索斯，正义之神的正义与命运之神的正义不在同一条轨道上。撒尔迪斯发生的那场灾难使克洛伊索斯变得明智而谦卑，使他变得更好、更纯洁了。这则神谕本身的目的是要剥去历史的样貌。希罗多德的评述很拙劣，因为在克洛伊索斯失败之前没有谁注意到这则神谕的任何蛛丝马迹。希罗多德讲道，从迦吉士缔造吕底亚王国到克洛伊索斯失败正好五代，该为古老的原罪赎罪了。这样的故事至少证明这则预言是在撒尔迪斯那场灾难之后才有的。编造一则预言似乎并不能为接下来的事情树立真相，为保持假象，有必要对神谕做出反馈，否则人们会以为这是在讲神话。对克洛伊索斯而言，事实真相比被伪装的"顽固的国王"更容易理解。米底亚统治者是他的姐夫，居鲁士二世是波斯王冈比西斯

冈比西斯二世

二世①的父亲，他竟然摘掉了自己外祖父的王冠，将米底亚和波斯归于同一个权杖之下。这件事使正直的克洛伊索斯愤怒不已。希罗多德也承认，这个故事的结局是从吕底亚的一个告密者那里听来的。从熊熊烈火中救下克洛伊索斯的故事在希腊作家克泰夏斯的《波斯编年史》中并没有记载。用人的尸体去亵渎庄严而圣洁的火，没有哪个波斯人会将自己的国王描述成那样。这个故事指向了这样一个事实：波斯帝国通过种种手段将吕底亚王国纳入旗下。

据说，克洛伊索斯战败之后，爱奥尼亚人向居鲁士二世请愿做他的附庸国，并缴纳和吕底亚国王时期一样的赋税。居鲁士二世拒绝了，但他唯恐爱奥尼亚人反叛，于是诱使许多爱奥尼亚城市重修克洛伊索斯时期拆掉的防御工事，并派人到斯巴达求助。斯巴达人本来可以消极处置此事，但他们派了一艘船去打探爱奥尼亚的局势，结果出人意料。派去的一个叫莱克瑞恩斯的军官跑到撒尔迪斯警告居鲁士二世，任何伤害希腊城市的企图都将激起斯巴达人的愤怒，居鲁士二世询问来者斯巴达人是些什么样的人，得到回答后，居鲁士二世说他从来不惧怕那些在城里偏安一隅、与外界孤立又谎话连篇的人。但居鲁士二世无法继续在此地逗留，于是留下他的几个副手来执行他未完成的计划。副手们遭到吕底亚人帕克蒂斯的反抗。居鲁士二世本人则负责把从撒尔迪斯抢夺来的财物运往索萨。后来遭到卡里亚人②的抵抗，最后又遭到利基人的顽强抵抗。据说，利基人杀死妻子和孩子后，冲向敌军誓死拼杀，最后一个不剩。

许多孤立的城邦国家被波斯帝国吞并，尽管他们的文明程度远远高于他们的征服者。波斯帝国的疆土向东、向南不断扩张，这都是居鲁士二世所为。他像一阵旋风横扫整个亚洲，用历史学家的话说，所到之处

---

① 冈比西斯二世，居鲁士二世的儿子，阿契美尼德王朝时期君主，曾跟随居鲁士二世征服近东和中亚。他在位时期打败了当时埃及的法老，把波斯疆土扩张到埃及。——译者注
② 卡里亚人，安纳托利亚（小亚细亚）半岛卡里亚地区的古老部落。——译者注

第 3 章　居鲁士二世、冈比西斯二世和大流士一世统治下的波斯帝国

索萨城遗址

皆被征服，无一漏网。居鲁士二世征服过程中的具体情况我们不得而知，只有一个例外，甚至这个例外中我们也有太多的不确定，只知道古老的巴比伦或者说亚述国王们的权杖被这位波斯暴君折断了。

当历史的场景从爱奥尼亚转向巴比伦，我们必须重视欧亚帝国之间的显著不同。希腊部落具有强大的独立性，但缺乏政治合作；而亚洲集权在铁腕统治下仅靠人力就可实现辉煌战果，取得卓越功绩。作为国家政治机器，团结能征服一切，孤立则一事无成。早在希腊人及他们的宗亲脱离原来孤立、野蛮的原始家庭生活，形成部落以前，在他们萌生城邦或城市这样的想法之前，叙利亚君主就可以随意召集、自由调遣庞大的人群，建造巨大的城市和高耸而华丽的神殿。神殿为人们提供信仰，

信条规限了每一个人,占据了每个人的精神空间,无论出于家庭、社会,还是政治义务,人们都没有独立思考与合理推理的余地。

亚洲文明是其自身最大的敌人。亚洲人的性情中没有反思,没有私心去维护一个既定的制度。但亚洲文明在研究事物的真相中寻找智慧,在描述一个国家的地理资源时,通常会取得巨大成就。巴格达和摩苏尔平原现在已荒无人烟,这片干旱的沙漠曾经是现在的三倍大,在赛纳克里布和尼布甲尼撒二世统治尼尼微和巴比伦时期麦浪滚滚,香飘四溢。尽管亚洲人的专制残酷无情,但他们尚且知道帝国的财富必须有肥沃的土地做保障。他们想方设法开挖运河,让运河河道贯穿整个国家,最大的运河也许就是幼发拉底河与底格里斯河之间的航船通道。耕作土壤面积快速增加,谷物、芝麻的产量成倍增长,谨慎地说,是五十倍、百倍地增长,希罗多德则相信在丰收的旺年粮食会增长三百倍。比这片广大的丰收美景更加绚丽的是在降水稀少的土地上建成的庄严而恢宏的巴比伦城。希罗多德看到了这座伟大的都城,只是他看到的是大流士一世掠

赛纳克里布和他的军队

第3章 居鲁士二世、冈比西斯二世和大流士一世统治下的波斯帝国

夺、薛西斯一世洗劫之后的巴比伦城。如果我们意识到巴比伦城中的那座"皇城"有多壮观，就一定会说希罗多德的描述不够精彩。"皇城"四周是别致的花园，花园又被高墙围住，据说墙高达三百英尺，四面的围墙各自长达十五英里，出入口多达二十五个，城门牢不可破。这座高大的城墙内还有一圈城墙，虽不那么高大，但仍很坚固。围墙内是建筑和街道，分布在护城河的两岸，星罗棋布，每条街道的尽头都可进入河流航道。林立的宫殿和房屋之中高耸着拜尔神殿，神殿层层叠叠，高达六百英尺，神殿基座的四个面，每个面都宽达一千二百英尺。一座长桥横跨河流两岸，长桥的部分桥段在夜晚会移开，但白天仍可通行，行人由此可到达河岸两边的码头。

我们并没有百分之百的把握说居鲁士二世奇袭、攻陷了强大的巴比伦城。据说，居鲁士二世进攻巴比伦的计划推迟了一年，被另外一项重要的任务耽搁了。他要先报复一条叫金德斯的河，这条河羞辱了他的一匹神圣的白马。这条河流经现在的巴格达市附近，汇入底格里斯河，它竟敢淹死坠入河中的白马。居鲁士二世下令降低河流水位，将水分流到一百条运河之中，让女人过河湿不了膝盖。这样一件违反常理的事被认为是智慧的且精心设计的，是居鲁士二世为奇袭巴比伦，届时军队绕道幼发拉底河而精心准备的计策。这里边的疑点很多，居鲁士二世如何在一年以前就知道他需要或有机会付诸实施这项计策？在兵力分散，又要确保各方成功的情况下，为何要事先彩排这样一场难度极大的演练？故事的下文是：居鲁士二世计划抽干幼发拉底河，在巴比伦城内的居民毫不知情的情况下，下令军队通过幼发拉底河河床进入巴比伦城，趁节日期间城内市民放松警惕拿下城池。但整个设计基于这样一些假定：节日期间巴比伦撤掉护河城墙上的所有卫兵，沿城墙的各个大门开着，各大运河的开凿也只是为了转移幼发拉底河河水而建。但假如城门开着，又没有卫兵把守，那船就可以径直驶入，这要比经过泥泞的河床入城更加

巴比伦城复原图,图中最高的建筑是通天塔

围攻巴比伦城

容易、快捷、安全,况且河道上一旦稍有警觉,波斯人就可能被一网打尽。的确,完全可以乘船进城,期间无论城墙上发生什么战事,波斯人都必须确保不会陷入无助的困境,否则只能在泥泞的河床里等待巴比伦人的施舍和怜悯。但如果乘船或通过其他方式得以通过城门进城,后续的故事就会是:居鲁士二世通过层层精心设计,使他的军队从幼发拉底河床浩浩荡荡进入巴比伦城。

巴比伦这个古老而强大的城市沦陷了。它的遭遇很像是希腊人在亚洲的那些殖民城市:城墙被摧毁,市民被迫纳贡。然而居鲁士二世并没有屠城,也没有扰民。按希罗多德所说,攻陷巴比伦之后,征服的欲望驱使居鲁士二世横扫阿拉克塞斯河以东的游牧民族。根据色诺芬①的描述,居鲁士二世死时很安详,如卧床而眠。故事往前推,居鲁士二世的王后托米丽斯②非常凶残,她

托米丽斯

---

① 色诺芬,古希腊雅典人,哲学家、历史学家,做过战士、雇佣兵,是苏格拉底的学生,他记录了公元前5世纪晚期到公元前4世纪早期的希腊历史,参加了最后七年的伯罗奔尼撒战争。他的《希腊》等历史著作与修昔底德的《伯罗奔尼撒战争》形成了这一期间希腊历史文献的连续链。——译者注

② 按照色诺芬所讲,托米丽斯是居鲁士二世的王后;但希罗多德等史学家却认为托米丽斯是里海以东、中亚地区伊朗塞西亚游牧联邦的马萨格特部落统治者,在战争中杀死了居鲁士二世,将他的头颅浸泡在带血的器皿中,以示满足他嗜血的欲望。——译者注

第3章 居鲁士二世、冈比西斯二世和大流士一世统治下的波斯帝国

曾经拒绝过一个求婚者,认为那人爱的不是她而是她的王国。她实现了自己的诺言,满足了求婚者杀戮的欲望,割下了他的头颅,并将那人的头颅塞进一个装满人血的器皿里。即便居鲁士二世的事业以失败而告终,他激发起来的波斯各部落的能量依然强大。对他们而言,他们称之为自由的东西就是和平时能免除纳贡,战争时能肆意掠夺。这样的动机可以解释他们对埃及的侵略,就像侵略吕底亚和巴比伦一样。冈比西斯二世继承了父亲居鲁士二世的王朝大业并需勇敢面对,这些都无须赘述。但冈比西斯二世的另外一项使命倒是和如何统治古代尼罗河上的领主们颇为一致。埃及人总爱讲这样一个故事,一个攻无不克的国王带着七十万大军从底比斯出发,历经九年,战无不胜,帝国的疆域不断扩大,从赛伊尼的大瀑布到布哈拉①,从印度到爱琴海。但他们也爱讲另外一个故事,这个国王的军队所到之处烧杀抢夺,从埃塞俄比亚到利比亚,从米

居鲁士二世之死

---

① 公元前6世纪起,布哈拉就是世界文明中心之一,长期被波斯统治。6世纪后并入土耳其,10世纪至11世纪为萨曼王朝首都,现在乌兹别克斯坦境内。——译者注

底亚到波斯，从巴克特里亚①到塞西亚。战争引起了极端的愤怒，这些大屠杀的记忆会使国民怒火中烧，影响数代人。他们对居鲁士二世或其他国王燃起了无尽的复仇欲望。但波斯人对埃及人的行事习惯一无所知，埃及人对塞米拉米斯②女王的征服同样保持缄默。塞米拉米斯女王统治下的亚述帝国曾经创造传奇，一度扩疆至尼罗河谷。

埃及历史的关注点和意义也许和各时期国王的命运和功绩关系不大。无论各个王朝的结局如何，一个在埃及的传统编年史中常常提到的事实都无法掩盖，在西方雅利安部落最初萌发殖民念头之前很久，甚至

塞米拉米斯女王

① 巴克特里亚历史上属于中亚一个地区，在兴都库什山脉与帕米尔山脉之间，属于天山北部一带。——译者注
② 塞米拉米斯，亚述帝国昂内斯将军的妻子，后来成为尼努斯国王的王后，继承了王位。今伊拉克、叙利亚、土耳其、伊朗等国新出生的女婴仍起名"塞米拉米斯"。——译者注

第3章 居鲁士二世、冈比西斯二世和大流士一世统治下的波斯帝国

在美索不达米亚文明笨拙地表现事物的比例关系之前很久,尼罗河河谷的居民就在财富和组织、艺术和科学方面呈现出了非凡的景象,比巴比伦更壮观,也让多年后的希罗多德惊喜不已。这里充满繁茂的生命活力时,其他地方依然在茹毛饮血,这些都是由尼罗河河谷肥沃的土壤化育而成的。尼罗河河谷是尼罗河的伟大作品,河水先是形成河道,而后每年携带泥沙将河道填满。低矮的石灰岩山丘是沿河两岸狭长地带丰盛植被的最好保障,河水根据土质的强度形成河道的宽窄,土质松软的地方河道就宽,相反河道就变窄,直到阿斯旺的花岗岩地区,河水强行穿过岩石倾泻而下,形成瀑布。旅行者现在看到的上游的瀑布从开罗起向南

尼罗河

逐渐退去。尼罗河只不过是占得先机，缓慢而坚定地吞噬着岩石的暗礁。这些暗礁形成了尼亚加拉河的屏障。的确，现在这些悬崖峭壁远远高于河床，但埃及国王们在努比亚①的赛姆内留下的水位标记表明，早在希罗多德造访埃及之前，河流的水位一度高达二十四英尺，现在也曾经达到过这个水位。更早以前的干涸河床证明，河流水位曾高达二十七英尺，超过了现在的最高标志。因此，直面事实，我们可以说埃及就是尼罗河的产物。进入瀑布区之后，这条神秘之河绵延一千多英里，不再吸纳任何支流，只给两岸施舍财富。沿河两岸每一处的居民都生活安逸，他们不用铁锹，不用耕犁，也不用其他肥料，他们只依靠尼罗河的生命之水，供给与尼罗河南北两端不同的商贸货物。北风一路前行使得过往船只克服了气流下降的阻力。尼罗河之于埃及远不止这些。有了尼罗河，庄稼的种植与收获轻松而快捷，保障了居民充分的休闲时间，这对长期劳作仍难以保障生活的欧洲荒蛮人来说简直是天方夜谭。毫不奇怪，尼罗河河谷的居民已经进化到一个秩序良好的境界，而即便是在欧洲最美丽的河岸边依然是一些独立或集群的荒蛮部落。不仅如此，赋予埃及人财富的尼罗河还保护他们抵御敌兵。河道两岸的青翠绿野最宽不超过两英里半，之外就是干旱的沙漠，沙漠中含有大量的硝酸钾，即便有雨水也不能饮用。

　　尼罗河保障了两岸居民的快速发展，也塑造了他们的性格。尼罗河绵延数千英里，沿河气候有所不同，但其他环境条件差异不大。尼罗河沿途但凡有支流的地方，就会有繁茂的绿野地带。两岸绵延的山脉把整个尼罗河拥围成一个大花园，截断了炎热干燥的广袤沙漠。日日夜夜，天空湛蓝，丝云无遮，太阳乘着战车孤独地漫旅天空，它的新娘月亮紧随其后，还有它数不清的兄弟姐妹和孩子。纵观尼罗河全线，没有一座

---

① 努比亚，尼罗河沿岸的一个地区，涵盖今埃及南部阿斯旺地区和苏丹中部地区，是古代非洲最早的文明发源地之一。——译者注

第3章　居鲁士二世、冈比西斯二世和大流士一世统治下的波斯帝国

要塞可供叛军的首领进攻埃及人的王国，东西两端的沙漠屏障堵上了侵略者的所有入口。如此优越的条件无法不产生一个伟大的民族，但前提是人们必须始终服从当政者。这里的人民与其他国家隔绝，很早就储备了惊人的国力，尼罗河上游流经的那些非洲大陆部落简直无法比拟。埃及人肤色浅于阿拉伯人，外形特征也不像闪米特部落①，却很像希腊人，这倒是很奇怪。他们在习惯上与流动的贝都因②人完全相反，他们的生活充满艺术，这是黑人部落无从知晓的。他们纺线、织布、制陶、绘画、雕刻，还制作金属工艺。

贝都因妇女和她们的孩子

像印度人一样，也许还可以说像希腊、拉丁部落一样，埃及人在自身的社会体制下安逸地生活。他们的社会阶层联合在一个铁腕、集权的政治体制之下，国王联合——虽不说是臣服——宗教阶层统治国家，宗教制度具有一系列仪式和章规，对国王和他的臣民都具有束缚力。这套制度有着令人生畏的力量，这缘于人们对未知世界的恐惧。人的不完美、法制的不公、权利的受限、情感的压抑、政权的独裁、多数人的劳作和少数人的奢华等，每个埃及人都会轻易感受到所有这一切。这就为人们寻找问题的出路提供了基础，一套强有力的宗教制度对臣民及国王都是不

---

① 闪米特部落，古代近东地区讲闪语的西亚部落，包括莱文特、美索不达米亚、阿拉伯半岛、非洲之角等地区，历史可追溯到公元前3000年前。——译者注
② 贝都因，阿拉伯游牧民族，流动于北非、阿拉伯半岛、伊拉克、莱文特等地。英语词汇Bedouin源于阿拉伯语的Badawi，意思是"沙漠居住者"。——译者注

小的诱惑。谈论埃及的艺术和文学，我们必须看到，无论这片土地外在的华丽意味着什么，无论贵族多么位高权重、生活奢华，无论臣民如何舒适安逸，埃及人都依赖大自然，始终对这片土地不离不弃。有了宗教制度，超出人类法律界限的罪恶与冒犯就由神来惩罚。希腊有迈诺斯、拉达曼迪斯和艾亚哥斯三位冥界的大判官。希腊之前，埃及上至法老①下至最卑微的奴隶都必须面对神的最后裁决。神圣的信仰庄严地萦绕于神殿中，显示了埃及宗教文化的地位。

据说，马拉松之战②之前约一百八十年，希腊人对埃及这个神秘的文明古国仍全然不知。史书记载，那时的埃及被分割给十二个国王，他

希腊冥界大判官迈诺斯

---

① 从公元前3150年古埃及的第一个王朝开始，君主都被称为"法老"，直到公元前30年被罗马帝国吞并为止。——译者注
② 公元前490年。——原注

第3章 居鲁士二世、冈比西斯二世和大流士一世统治下的波斯帝国

们得到警示说谁能从火神神殿里的黄铜容器中取出奠酒就可以成为全部土地上的国王,这个预言实现了。当时,祭司拿出十一个黄金容器供国王们祭祀用,其中一个叫普萨姆提克一世①的国王用自己铜色的头盔作祭祀容器,其他十一个国王惊恐万分,随即将普萨姆提克一世赶走。这位被驱逐的国王潜伏在芦苇丛里,他已从一个神谕中得知一些身着铜甲的人会来救他。消息很快传来,这些人正在戴尔特沿岸大肆抢劫,他们是爱奥尼亚和卡里亚②的劫匪,凭借一大堆许诺,普萨姆提克一世得到了他们的帮助,成了全埃及的王。普萨姆提克一世将这些雇佣兵作为常备军安排在波拜斯缇③城附近的一个叫坎普斯的地方,据说普萨姆提克一世执政时期,一群米利都人④攻下了尼罗河坎诺皮克河口东岸的一个港口,后来那里矗立起来的一座城市——诺克拉提斯⑤——成为埃及和欧洲之间的贸易集散地。

埃及法老普萨姆提克一世和普萨姆提克三世之间有四位法老。普萨姆提克三世很不幸,他统治时期埃及被纳入波斯广阔的疆域之中。据说,普萨姆提克一世用了近三十年时间才攻下阿佐托⑥,之后他在那里的统治顺水顺风,并得以截断试图由此进入埃及的塞西亚部落的进军。

---

① 普萨姆提克一世,古埃及第二十六王朝的三位法老之一。——译者注
② 卡里亚,也拼作 Caria,古代时期安纳托利亚西南部卡里亚地区。——原注
③ 波拜斯缇,古埃及城市,坐落于下埃及戴尔特地区的尼罗河沿岸,是著名的朝圣地。《圣经》中曾以帕贝斯记述这座古城。——译者注
④ 米利都人,小亚细亚半岛上古希腊城市米利都的住民,今天在土耳其境内,濒临地中海沿岸。大约公元前16世纪,先民从克里特岛来此定居,到公元前6世纪,米利都已成为海上帝国,米利都人遍及小亚细亚半岛,甚至远在克里米亚、乌克兰一带开拓、殖民。——译者注
⑤ 诺克拉提斯,古埃及城市,位于尼罗河支流坎诺沛沿岸,是希腊在埃及的第一个,也是永久的殖民地,是埃及与希腊艺术、文化融合的象征。——译者注
⑥ 阿佐托也叫阿什多,是世界最古老的人类居住地之一。公元前17世纪起这里就有人类居住,开启了迦南文化。希腊、罗马、拜占庭、阿拉伯等都在此殖民过。——译者注

普萨姆提克一世的儿子尼科二世①为攫取犹达阿②和腓尼基③不得不抗衡更强大的敌人。据说，米底亚国王基亚克萨雷斯曾经攻下尼尼微城，而巴比伦君主尼布甲尼撒二世却宣称征服了西奈沙漠以北的所有领土。尼科二世在巴勒斯坦的战役开始很顺利，犹太国王约西亚④在迈多

犹太国王约西亚（右）

① 犹太历史学家称之为尼科法老。——原注
② 犹达阿，今以色列、约旦河西岸一带。——译者注
③ 腓尼基，地中海东岸闪族海洋文明古国，包括现在的黎巴嫩沿海、以色列北部、叙利亚南部，甚至地中海的阿瓦尔德岛。腓尼基的殖民地波及地中海西岸的迦太基，远至大西洋。腓尼基文明从公元前1500年延续至公元前300年。——译者注
④ 约西亚，公元前7世纪犹太国王，八岁即登基。据希伯来《圣经》记载，他进行了一系列宗教改革，主持编纂了《旧约圣经》。——译者注

第3章　居鲁士二世、冈比西斯二世和大流士一世统治下的波斯帝国

伦①战败,耶路撒冷②成为侵略者的囊中之物。尼科二世在柯凯逊③战场遭遇了尼布甲尼撒二世,到手的战果又拱手让人。尼科二世的儿子统治的短暂,期间没有什么大事记载下来,之后就将王位传给普萨姆提克一世最后的传人阿普里伊。阿普里伊在犹太人的《列王记》中被称为霍夫勒,他远征希腊殖民地巴卡和卡勒奈两地,结果战败。埃及军队中的世袭阶层怀疑阿普里伊故意战败,企图通过减少世袭阶层的人数来建立自己的政权,于是阿玛西斯带头反叛。尽管希腊雇佣军配合阿普里伊作战,但他还是失败了。阿玛西斯被拥戴为埃及法老,在位四十四年,为埃及赢得了一段相对安宁的缓冲时期,直到波斯侵略风暴来临。希腊人在戴尔特的殖民时期非常繁荣,他们在诺克拉提斯的殖民期间还获得了垄断权,经此地到尼罗河上任何其他河口的外国商人都必须宣誓他们是因为天气原因才从此经过并保证会立刻前往坎诺皮克河口。如果不宣誓,他们的货物就被通过一条内陆运河送往诺克拉提斯市内。阿玛西斯亲近希腊人的举动还不止这些,他同希腊人通婚,还和萨摩斯④暴君波利克雷蒂斯⑤结盟。

埃及,这个城市富丽、土壤肥沃的古老王国该转而向它的波斯征服者祈祷了。假如阿玛西斯活着,战争可能会被拉长,结局也许大不相同。可波斯入侵之前几个月他驾崩了,他的儿子普萨姆提克三世似乎并没有继承他的睿智和能量。居鲁士二世的儿子冈比西斯二世的军队横穿漠,

---

① 迈多伦也就是迈奇多,被认为是中东最古老的居住地,始于公元前7000年,是通向古埃及和亚述帝国的重要关口。——译者注
② 希罗多德称之为凯迪缇斯,旧称埃尔·科迪兹今天依然使用。——原注
③ 卡克米什。——原注
④ 萨摩斯,希腊岛屿,位于东爱琴海,历史上是古希腊富庶、强大的城邦国家,以葡萄和酿酒闻名。——译者注
⑤ 波利克雷蒂斯,公元前538年至公元前522年萨摩斯城邦国家的暴君,既残暴又颇具启蒙色彩。他的两位哥哥协助他谋取政权后,一位被杀,一位被流放,但他建立了强大的海军,成为当时希腊的海上霸主。希罗多德认为,波利克雷蒂斯国王是古希腊最早拥有海上霸权意识的国王。——译者注

攻破了埃及的东北防线,由腓尼基人和亚洲少数部落中的希腊人供给的舰队在孟菲斯封锁了埃及王国。一个信使乘坐一艘希腊船前往送信,要求孟菲斯投降,埃及人扣下了船,将船上的人碎尸万段。火药味渐浓,战火即将燃起。虽遭遇誓死抗争,但冈比西斯二世还是拿下了孟菲斯。利比亚各部落和阿普里伊一心想征服的希腊殖民者向波斯臣服。

  按照希罗多德的理解,冈比西斯二世统治下的波斯疆域达至极限,波斯王成为从巴克特里亚到尼罗河所有国家的君主。他贪婪地掠夺财富、攫取城池,他必须遭受惩罚,重蹈克洛伊索斯的覆辙。埃及人宁愿波斯王依据神的旨意在疯狂中遭受重创,但相关事实似乎证明这是一次精心策划,谨慎实施的阴谋。波斯王的疯狂显现在阿玛西斯的无数屈辱之中,显现在他对掠夺的迷恋之中。他从底比斯出发进攻埃塞俄比亚,派五万大军摧毁了沙漠中的太阳殿神龛,但他们在这个神秘国度里行进的路程还不到五分之一,而这里的居民离尼罗河大瀑布依然很遥远。波斯王的士兵们想着他们要去的地方就像我们常听到的梦幻故事一样,玉盘珍馐,凤髓龙肝,应有尽有。但眼前却是沙漠焦烤、寸草难觅的惨状,这迫使他们自相残杀、同类相食。这是在警告冈比西斯二世,即便他这样伟大的君王也有难为之事。也许冈比西斯二世还没有到达孟菲斯,另一个灾难便接踵而至。也许是对一神教的热衷,冈比西斯二世派去摧毁阿蒙①神殿的军队还远在奥埃西斯城,但从他们出了城的那天起,就没人再见过他们。守卫神殿的卫兵声称——这样猜测很可能有道理,他们被沙尘暴卷走了,尸体就埋在火热的沙柱之下。

  冈比西斯二世的另一次扩疆远征到了迦太基的殖民地提尔②,腓尼基海员拒绝抵抗他们的族亲提尔人,这使冈比西斯二世很苦恼。同巴比

---

① 古埃及的太阳神。——原注
② 公元前3000年提尔就有人类居住,公元前1000年成为腓尼基重要的港口城市。腓尼基人的扩张始于公元前815年,当时提尔港的商人在北非建立了迦太基政权,之后提尔的海上贸易不断扩张,地中海、大西洋源源不断的海上贸易见证了它的重要地位。——译者注

冈比西斯二世远征埃及,俘虏埃及王室

伦一样，提尔也被尼布甲尼撒二世攻陷，现被波斯统治。但也许冈比西斯二世自认还不能得罪提尔人，因为他们掌控着地中海上的贸易枢纽，如果他们在遥远的非洲海岸反叛，后果将是灾难性的，会超过他和他父亲遭遇过的任何一次灾难。像巴比伦人一样，地中海东岸的腓尼基人名声在外，他们的声望可以追溯到人类历史黎明之前很久。我们对欧洲有概念的时候就已发现腓尼基人是杰出的内陆海航行专家。早先他们居住在黎巴嫩山和大海之间的一个狭长地带，从坎伯尼群山的卡梅尔湾向北延伸，宽不过二十英里，长不超过一百二十英里。最南端和最北端的两个小岛上坐落着两个城市——提尔和阿拉多斯，两城之间是西顿，紧邻提尔的南面，接着是贝里托斯①和比伯勒斯，这些城市都以特里波利②为联合中心，唯有它能证明这些城市之间是孤立的。相比希腊，这里的商贸城邦并不少。特里波利明显分三个区域，彼此分开，之间间距均等，

腓尼基集市

---

① 即贝鲁特。——原注
② 现在的的黎波里。——原注

第3章 居鲁士二世、冈比西斯二世和大流士一世统治下的波斯帝国

都是一弗隆①,分别服务于提尔、西顿和阿拉多斯。同他们勉强的合作能力相比,他们单独时的能量与希腊人的特点非常一致。实际上,无论腓尼基部落在道德和宗教上对希腊部落产生过什么影响,这两个民族在各自发展中的重要阶段都受到彼此的制约,但腓尼基人总是走在前面。希腊人向西边最勇敢的冒险也只不过到了马萨利亚②和科西嘉人居住的阿莱利亚,而腓尼基人的殖民却远远跨越了赫拉克勒斯神殿,比如加第斯③城就矗立在神秘的大西洋沿岸。

这些壮勇的海员拒绝对抗迦太基,他们在汉尼拔④的率领下确保了这座伟大城市的自由,但迦太基必须对抗欲称霸世界的罗马。冈比西斯

迦太基统帅汉尼拔

---

① 约二百二十码或八分之一英里。——原注
② 马赛的旧称。——原注
③ 加第斯,西班牙西南部港口城市,被认为是西欧最早的人类居住地,建筑遗址可以追溯到3100年前,由腓尼基人建造。——译者注
④ 汉尼拔,公元前183年至公元前181年迦太基统帅,被认为是军事史上最杰出的统帅之一,其父是第一次布匿战争统帅。——译者注

二世受到腓尼基海员的漠视，加之军队刚刚遭受了一连串重创，这使他暴跳如雷，恨不得杀了谁。机会还真来了。在回孟菲斯的路上，有人在高兴地尖叫，因为他们发现他们敬拜的小牛正是神牛阿匹斯的化身，但冈比西斯二世却以为他们是在幸灾乐祸。这些被冈比西斯二世离弃的土著居民竭力解释他们高兴的原因，但显然是徒劳的，他们都必须死。有人把祭司叫过来，祭司也给了同样的解释，冈比西斯二世说他倒要看看和他们一同来的那位驯良的神。有人把小牛牵过来，冈比西斯二世拔出匕首刺向小牛的大腿。"你们这些蠢货，这就是你们的神，就是一堆肉和血，人都可以打伤它，你们也就配有这样的神，但你们嘲笑我，必须受罚。"于是，祭司们受到鞭罚，而后一道严令传来：但凡发现谁以节日做幌子兴欢作乐，立刻杀头。人们惊恐万分，取消全部宴会。那头神牛消瘦不堪，死在了神殿里，祭司们按照惯常的仪式偷偷埋葬了这头神牛。

　　神牛事件后，冈比西斯二世的疯狂症变得更加严重，但他的狂躁也许不无目的，他羞辱神牛阿匹斯和他的敬拜者也许是有意为之，目的是要摧毁被征服国家的斗志。这个时候希罗多德才提到冈比西斯二世谋杀亲弟弟斯默迪斯的事件。冈比西斯二世梦中看到斯默迪斯坐在了王位上，头触到了天。这个梦唯一的解释是在暗示斯默迪斯是一个暴君。冈比西斯二世立刻派一名叫普里萨斯佩斯的军官前去杀死斯默迪斯。普里萨斯佩斯的军队正在返程路上，刚到埃克巴塔那的叙利亚村庄外，一个从索萨来的信使就命令所有人承认斯默迪斯而不是冈比西斯二世为他们的君主。普里萨斯佩斯受到质询，他信誓旦旦地说自己亲手杀死斯默迪斯并把他埋掉了。冈比西斯二世这个真正的暴君终于明白他梦中的暴君并非斯默迪斯而是另有其人，他要了亲弟弟的命而且毫无必要。他流泪了，接着便命令军队立即继续前进，抗击篡位者。冈比西斯二世一跃上马，可剑鞘突然掉了，剑深深地刺入他的大腿，恰好是他刺伤神牛阿匹斯的部位。他问这是什么地方，得知这里是埃克巴塔那。曾经，埃克巴塔那

第3章 居鲁士二世、冈比西斯二世和大流士一世统治下的波斯帝国

的博托村庄有一则神谕宣称，冈比西斯二世将丧命于此。这位在米底亚群山里沉溺于自己伟大梦想的暴君现在终于明白这个叙利亚小村庄将为他的宏图伟业套上紧轭，他剩下的时日只能是面对他的侍臣哀叹他的罪恶，劝说他们勇敢地抗击图谋将波斯人的权杖拱手交给米底亚人的篡位者。他的话已经没有什么说服力，普里萨斯佩斯又在发誓说他从没有伤及斯默迪斯，就像他之前向冈比西斯二世宣称他亲手杀掉并埋葬了斯默迪斯一样信誓旦旦。

一位冒充斯默迪斯的祭司成了波斯王，但他的统治很短暂。欧塔涅斯的女儿趁他睡着时摸了他的头，发现这个没有耳朵的篡位者是一个冒牌货。欧塔涅斯召集了六名贵族，组成了七人同盟，包括希斯塔斯佩斯①的儿子大流士一世②在内。第一次，他们做了周密计划，杀掉了冒牌篡位者和他的随从。第二次，他们讨论了未来政权的形式。欧塔涅斯认为共和国是唯一保障统治者责任的政权模式；迈格比佐斯③认为暴徒与暴君的傲慢无礼同样可恨，主张寡头政治；大流士一世则认为如果统治者应做到完美，则君主制为首

大流士一世

---

① 希斯塔斯佩斯，阿契美尼德王朝君主，大流士一世的父亲。——译者注
② 大流士一世，阿契美尼德王朝第四任君主，也被称作大流士大帝。他统治时期，波斯的疆土与国力达到巅峰。——译者注
③ 迈格比佐斯，阿契美尼德王朝时期波斯将军，曾任巴比伦和叙利亚总督。——译者注

选,况且波斯人的习俗也应保留。欧塔涅斯审时度势,但仍据理力争。其他人则同意他们其中的一人应该为王,商定第二天一早他们一起骑在马上,谁的马先发出叫声,就承认马的主人为王。大流士一世的男仆对此事很上心,他认为这匹先叫的马应该是他主人的马。

这些说法大都是希罗多德从埃及的密使那里得来的,自然有些添油加醋,被征服者对征服者本来就无好感。贝希斯敦[①]的碑文上记载了很多不同于传统的史料,这至少是当时留下的记录,甚至比任何波斯人留下的记录都真实。根据碑文记载,冈比西斯二世的弟弟早在军队进发埃及之前就被谋杀了,冈比西斯二世本人的自杀也是蓄意表演。那个冒名顶替的篡位者叫高墨达,他的叛变是出于宗教原因而非通常认为的对国家变节,其目的是要恢复一些古老传统和信仰,即拜火教创始人琐罗亚斯德[②]创立的那套严厉的一神教教规。对于高墨达为什么自残,欧塔涅斯的女儿为什么背叛了他,七人同盟的阴谋是怎样得逞的,碑文上只字未提。希罗多德的版本认为大流士一世是最后一个加入同盟会的,大流士一世曾明确表示在他之前没有人敢站出来反抗高墨达,这个版本的瑕疵最多。希罗多德并没有提及七人同盟,只提到大流士一世"同忠于他的人一起"将高墨达拿下并杀了他。而他的仆人施了什么诡计及他最后如何掌权,希罗多德只字未提,只陈述到高墨达从冈比西斯二世手中攫取的政权落到了大流士一世的家族中。如果希罗多德所说属实,碑文对所发生的事件虽没有直接提及,至少也做了影射。

高墨达之死带来的是一场对谋逆者的大屠杀。据希罗多德讲,大屠

[①] 贝希斯敦即伊朗境内贝希斯敦山崖上有著名的贝希斯敦碑文,传说由大流士一世亲自撰写,记录了他在公元前 522 年至公元前 486 年统治波斯帝国时期发生的重大事件,包括公元前 521 年一年内发起的十九次战斗,镇压多起叛乱。——译者注

[②] 琐罗亚斯德,古代伊朗先知,他根据伊朗传统教义创立了拜火教,发起了一场宗教信仰运动,使拜火教成为当时波斯的主要宗教信仰。——译者注

拜火教创始人琐罗亚斯德

杀可能引起了混乱和无序，大流士一世只得避免使用强硬措施镇压帝国中那些反叛的总督，贝希斯敦的碑文充分证明了这种观点。碑文描述了大流士一世早期统治时期忙于镇压一系列顽固的叛乱，杀掉高墨达和他的党羽根本无法阻止米底亚人努力恢复被居鲁士二世剥夺的至高无上的权力的斗志，但他们缺少点儿运气。巴比伦暴动事件似乎更严重，大流士一世镇压巴比伦费了很大力气，巴比伦的城墙被拆掉了，巴比伦人只能哀告波斯人的慈悲了。巴比伦已成为波斯帝国的一个省，佐比勒斯[①]成了总督。

大流士一世的另一个难以对付的敌人是吕底亚总督奥里蒂斯，他因杀死萨摩斯独裁波利克雷蒂斯而臭名昭著。早在冈比西斯二世远征埃及之前，波利克雷蒂斯就是萨摩斯岛的主人，他同埃及国王阿玛西斯结成了亲密同盟，但阿玛西斯确信波利克雷蒂斯的持续繁荣即将面临灾难，就破坏了同盟契约。波利克雷蒂斯让阿玛西斯自罚，别等着众神来惩罚他，但他被阿玛西斯激怒，于是愤怒地将他的密封环扔进大海里。几天之后，有人在鱼肚子里发现了这个密封环，而这条鱼将是波利克雷蒂斯的晚餐。波利克雷蒂斯如此好的运气让阿玛西斯大为惊恐，他放弃了他们之间的同盟，万一厄运降临波利克雷蒂斯时他不至于为朋友而过于伤感。然而，事实更有可能是波利克雷蒂斯违背了同盟契约，因为接下来的一件事与他有关：他提议为冈比西斯二世提供军队。这位波斯王很高兴地接受了提议，波利克雷蒂斯也很高兴自己有机会铲除那些对自己不忠的萨摩斯人。一些被放逐的萨摩斯人仓皇逃到斯巴达，他们诱使斯巴达人和科林斯人组成联合远征军去包围波利克雷蒂斯的都城。希罗多德将这座都城描述为世界上最富丽堂皇的城市。斯巴达人在封锁方面的无

[①] 佐比勒斯，希罗多德的历史著述中提到的一位波斯贵族，其父是迈格比佐斯，传说曾给大流士一世献计攻陷巴比伦。——译者注

第3章 居鲁士二世、冈比西斯二世和大流士一世统治下的波斯帝国

能早就路人皆知,他们在都城内坚守四十天后开始心生厌倦,斯巴达人的第一次亚洲远征就这样结束了。

根据希罗多德所处的时代以及他本人的信仰推断,波利克雷蒂斯时运正好,他统治下的萨摩斯持续繁荣且平安无事,他和当时赫赫有名的诗人私交甚好,因为诗人的伟大作品使萨摩斯岛名声在外,这位萨摩斯王应该会亲自澄明世事怎样兴衰沉浮。有一种说法证实了这种观点,即奸诈无比、背信弃义的奥里蒂斯谋杀了波利克雷蒂斯。但希罗多德的暗示表明奥里蒂斯参加了高墨达的暴动,这也能解释为什么奥里蒂斯顽固反抗大流士一世。我们无法确定奥里蒂斯基于什么样的战争信念而谋杀了波利克雷蒂斯,在此我们只需知道,奥里蒂斯被杀了。这场灾难过后,波利克雷蒂斯的弟弟赛罗森成了萨摩斯的君主,希腊人的那些昔日辉煌,而今破败不堪的城市归于大流士一世统治。对于他的臣民而言,大流士一世更是一个组织者而非征服者,或如波斯人所说,一个高声叫卖的小商贩而非波斯人之父。

大流士一世前几任君主统治时期,帝国中的一部分地区每年纳贡,大流士一世下令帝国中的二十个省需要重新评估后纳贡。这项制度勉强能应付大流士一世每年的开销,超过额定数量的税收就只能由各省总督和税收者的贪婪和残酷程度来决定了。税收从被征服地区的地方治安官那里收取,对这套加重亚洲希腊人赋税的措施,希罗多德的表述自然很谨慎。卡里亚人、吕底亚人、爱奥尼亚人及其他一些部落每年得上缴四百塔兰特①,迈西亚人和米底亚人被测定每年需缴纳五百塔兰特。根据记载,波斯帝国一年的总收入达四百二十五万英镑。大流士一世的政绩超过了他的前任,他铸造货币,修筑公路,每一路段都配有邮政设施,从任意一条公路出发,旅行九十天就可以从撒尔迪斯到达索萨。这些措

---

① 一种计量重量与货币的单位。——原注

希波战争：文明冲突与波斯帝国世界霸权的终结

大流士一世

施都是为了确保皇帝的财富和尊严，但波斯帝国的社会依然是各自独立单元的集合，除了仅有的缴贡与纳税的公共义务，没有超出各自部落以外的共同情感，没有防卫措施来提防外来的破坏或内部的腐化和瓦解。

大流士一世后期的统治可以通过两件事来说明，每件事都和希腊人有关，他们将给大流士一世儿子统治下的波斯帝国带来可怕的毁灭。第一件事解释了诱使大流士一世派遣远征军到达远至意大利南部的希腊部族的原因。这些希腊人中有一个人陪伴波利克雷蒂斯走完了他最后的旅程，他叫迪莫基兹，是来自克罗坦的一名医生，他有幸治好了大流士一世的脚伤而被皇帝优待。但对他而言，财富排斥自由，或用他自己的话说，财富毫无价值。迪莫基兹渴望再回家乡看看，他终于有了办法。他被召进皇宫为大流士一世的皇后，也就是薛西斯一世的母亲阿托莎[①]治病，

[①] 阿托莎，阿契美尼德王朝的王后，居鲁士大帝的女儿，大流士一世的妻子，薛西斯一世的母亲。——译者注

第3章 居鲁士二世、冈比西斯二世和大流士一世统治下的波斯帝国

迪莫基兹凭借高超的医术治好了阿托莎,他趁机提了一个要求。阿托莎按照约定去见大流士一世,责备他丧失斗志,不去设法扩张波斯帝国的疆土。她说:"一个人趁年轻,又是广阔疆域中诸王的霸主,应该建立伟业,让波斯人知道统治他们的是一个英雄。"大流士一世说他准备远征塞西亚。阿托莎的回答明显带着讽刺:"当然不,先不攻打塞西亚,我听说希腊女人很美,非常想有几个雅典少女做我的奴隶,你身边就有一个最佳人选,他能助你实现目标。"然而,阿托莎只得到一个命令,派几艘船去侦察塞西亚,让迪莫基兹做向导。迪莫基兹下决心将本次航行延至意大利海岸。在泰勒斯,他说服那里的独裁者把波斯人关进监狱,自己却逃到克罗坦。这些倒霉的波斯人从牢狱中被释放出来后,不是在海上沉船失事就是被卖作奴隶。通过赎金获得自由的一些人逃回去见大流士一世,传达了迪莫基兹捎来的信息,说他不能实现返回波斯的承诺,因为他已和摔跤手米隆的女儿结了婚。这次粗暴的背叛带来了一连串灾难,足以激起任何暴君的愤怒并立刻进行报复。但没有一丝迹象表明大流士一世在做这样的准备,也没有看出他有任何愤怒。

另外一件与大流士一世相关的事是攻打塞西亚,这是阿托莎出于自己的私心恳请他推迟的一项计划。从政治动机看,派遣迪莫基兹去打探消息根本就是多余,而迪莫基兹仅为确保自己回到家乡克罗坦就将所有希腊城邦国家置于被摧毁的危险境地,实在是难以置信。的确,波斯人的船队本应在雅典受到欢迎,因为当时庇西特拉图还在掌权。但居鲁士二世征服了吕底亚境内的希腊同族人,攻陷了吕底亚王国,这自然引起了其他希腊城邦国家的强烈愤慨,希腊人断然不可能让波斯船队安全通过伯罗奔尼撒海岸。政治上讲,大流士一世本该采取明智之举去攻打希腊人,因为当时他仍有雅典支持,但事实上他并没有这样做。这足以说明他当时根本没有进攻希腊的想法,马拉松战争期间结束的那次远征也是庇西特拉图王朝不断密谋的结果。从另一个角度看,迪莫基兹的故事

就显得多余，克洛伊索斯的失败导致波斯人直接与亚洲的希腊人发生冲突。这样的斗争也许从一开始就不可避免，也许没有迪莫基兹的介入阿托莎也会想到让希腊少女做她的奴隶。她责备大流士一世的惰性明显是幌子，除非大流士一世在贝希斯敦石碑上的碑文中撒了谎，否则，在他统治的任何时期怠惰的罪名都没有存在的可能。

有必要提及大流士一世远征塞西亚。这次远征直接关系到未来马拉松战争的胜利者米提亚德①的命运，关系到达蒂斯②和阿特弗尼斯③入侵阿提卡之前的爱奥尼亚暴动中的一些主要人物。大流士一世的军队通过船桥④渡过博斯普罗斯河，经过色雷斯到达多瑙河⑤。那里爱奥尼亚人也为他准备了一座船桥，大流士一世用这座船桥渡过多瑙河。他本来计划渡河以后立刻把这座船桥拆掉，但米都安⑥的暴君戈榴什警告大流士一世拆桥危险，倒不是怕失败——他相信大流士一世不可能失败，而是怕饥饿。大流士一世随即命令爱奥尼亚人保留

米提亚德

---

① 米提亚德，雅典著名的政治家，马拉松战役著名统帅，因打败波斯而成名。——译者注
② 达蒂斯，大流士一世时期波斯舰队司令。——译者注
③ 阿特弗尼斯，撒尔迪斯总督，波斯统帅。——译者注
④ 用船连在一起的桥。——原注
⑤ 旧称伊斯特洛斯河。——原注
⑥ 米都安，公元前11世纪建造起来的城市，位于莱斯博斯岛的东南部，是岛上十三个行政郡县之一，也是北爱琴区的首府和东正教的大主教区。公元前337至公元前335年，亚里士多德曾在这里居住。——译者注

第3章 居鲁士二世、冈比西斯二世和大流士一世统治下的波斯帝国

这座船桥六十天,届时他不回来的话就将桥拆掉。波斯人一进入塞西亚的领土就被诱使渡过塔内斯河到了欧勒斯岸边,塞西亚人在那里设下圈套一路向西进发,大流士一世即刻追击,可总也追不上,直到筋疲力尽,于是派人送信给塞西亚国王令其臣服,交出土地与河流,要么就像一个男人一样前来应战。塞西亚人说,他们只是照日常习惯到处游牧而已,如果大流士一世想看看他们如何打仗,就先去塞西亚人祖先的坟墓上去拜一拜。大流士一世只得继续追击,却意外发现他军队中最有效的力量是那些驴和骡子,它们叫声吓人,长相奇怪,惊吓了塞西亚骑兵。大流士一世这次乏味的行动终于因为一个塞西亚信使的到来而中断,信使给大流士一世带来了四样礼物:一只鸟、一只老鼠、一只青蛙和五支箭。塞西亚国王想用这些礼物表示他们要投降,准备交出他们的土地与河流,因为老鼠生活在地上,青蛙在水里,鸟指代战马,箭表明他们要交出武器。但大流士一世看到这些礼物人为惊愕,他将这些礼物理解为一种警告:除非他们像鸟一样飞上天空,或像老鼠一样钻进地下,或像青蛙一样跳到水里,否则他们将被塞西亚人用箭射死。大流士一世立刻下令撤退准备渡过多瑙河,但塞西亚人抄近路先于大流士一世赶到那里并说服爱奥尼亚人放弃先前的约定,别再保留那座船桥,这样他们可以获得自由,再说他们也无权恣惠波斯侵略者。米提亚德提出了有利于塞西亚人的建议,其他国王也同意了,但后来他们反悔了,因为来自米利都的希斯缇艾厄斯①警告他们,只有通过大流士一世的帮助,他们才能保住自己的王位。此时,米提亚德发现自己站在了十一个独裁者的对立面,其中六个来自赫勒斯滂,四个统治着爱奥尼亚的城市,还有一个是凯米的艾厄勒斯人阿里斯塔格拉斯②。此时的希腊人假装取得了一致意见,敦促塞

---

① 希斯缇艾厄斯,大流士一世手下的将领,参加了波斯对塞西亚的军事远征。——译者注
② 阿里斯塔格拉斯,公元前6世纪晚期至公元前5世纪早期米利都的统帅,在早期反抗波斯侵略的爱奥尼亚暴动中起了关键作用。——译者注

西亚人去消灭大流士一世。塞西亚人即刻动身,却发现自己和先前的大流士一世一样不走运,就像之前波斯人找他们一样,他们现在得去找波斯人。大流士一世仓皇渡过多瑙河,塞西亚人得知自己中了圈套。波斯人已过河,就因爱奥尼亚人抱着拴船的锁链不放而痛骂他们是胆小鬼,以此安慰自己。

  故事结束了,多瑙河畔发生的一切对塞西亚人来说是一个扑朔迷离的梦。灌溉黑海以北大片地区的河流被遗忘了,这样一个拥有上百万军队的国家没有粮食,很多地方也没有水,除了塔内斯河外,向东行进七八百英里都无须渡河。塞西亚人该进攻时却没有进攻,他们丧失了全歼波斯人的大好机会,之后他们一路向西却毫无结果。远征塞西亚是大流士一世对塞西亚人一百年前欺侮米底亚王国的报复,但这样的动机相比波斯人攻打埃及以报复杀死先父的拉米西斯①或塞索斯特里斯②的动机更难成立。多瑙河上发生的事足以让人们得出以下结论:无论爱奥尼亚人是否忠于大流士一世,无论塞西亚人是否尽力追杀侵略者保家卫国,这些事件都不可能发生。无论希腊人希望抛弃大流士一世还是希望拯救他,他们都促使塞西亚人留在了多瑙河河岸。一种可能是塞西亚人成了波斯人的牺牲品,另一种可能是塞西亚人巧设圈套并在混乱中消灭了波斯人。塞西亚人的确对大流士一世一路西进的每一个阶段都了如指掌,他们知道大流士一世要全线撤退,急于渡过多瑙河,而且必须渡过多瑙河,否则将会被迅速全歼。然而,塞西亚人真是昏了头,他们让爱奥尼亚人与大流士一世为敌。如果他们留守在多瑙河岸,可能轻易就歼灭了波斯人,但他们却没有采取任何行动,只是屯兵多瑙河东岸,还给多瑙河桥前面留下几百码或几英里的空间,否则大流士一世根本就插翅难飞。

---

① 拉米西斯,古埃及第十九王朝的缔造者,古埃及新王朝时代的十一位法老都被音译为拉米西斯,本书未确切指明是哪位法老。——译者注
② 据希罗多德记述,塞索斯特里斯是古埃及法老,领导了针对欧洲地区的远征。——译者注

塞西亚人的生活

不过，希腊人把波斯王的失败描述得比事实更惨烈，甚至将一些算得上胜利的战争编造成失败的故事，这倒也符合人的天性。最重要的是大流士一世经过多瑙河撤军后，所有的困难都消失了，他如愿让色雷斯人臣服于他，他的将军迈格比佐斯击败了所有对手，但引来了塞西亚人的仇恨。这可能给这位将军增加了一些阻力，因为塞西亚人偷袭了克伦尼索斯[①]，甚至派人到斯巴达请求联合进攻波斯人。但迈格比佐斯并没有遭到塞西亚人的反抗，他向斯特里蒙河河岸进发可谓一路无阻。河口附近是米勒基诺斯[②]的伊顿尼亚人居住的城镇，附近丛林密布，庄稼茁壮，矿藏丰富。大流士一世打算在这里犒劳他的将士，希斯蒂艾厄斯祈求大流士一世允许他占有房屋，戈榴什则心满意足地成了米都安的暴君。这一时期波斯王的统治已经扩张至佩奥尼亚人[③]的居住区、马其顿人的部落和利姆诺斯岛，但波斯人并没有统治利姆诺斯岛很久，因为不久后的爱奥尼亚暴动掣肘了波斯王的军队。雅典人米提亚德占据了利姆诺斯岛，这个岛与雅典人、希腊人和欧洲人有了密切关系，成了反抗无道的东方暴君的前哨和堡垒。

[①] 克伦尼索斯，古希腊色雷斯城邦的一个城市。——译者注
[②] 米勒基诺斯，古希腊马其顿中部地区的一个小村庄，位于斯特里蒙河河岸。——译者注
[③] 佩奥尼亚位于古希腊马其顿城邦以北，东边是色雷斯群山，位置在今天的马其顿共和国境内，少部分属于今希腊的马其顿北部和保加利亚的西南部。——译者注

第 4 章
梭伦、庇西特拉图和克里斯提尼时期的雅典

精彩看点

希腊的世袭君主制——希腊暴政的渊源——早期的雅典人——梭伦改革带来的社会新阶层——梭伦司法改革——庇西特拉图叛乱（前560年）——庇西特拉图政权的建立——庇西特拉图儿子们的专制统治——雅典人驱逐希庇亚斯——克里斯提尼改革——新部落——陶片放逐制——贵族寡头伊萨格拉斯的反扑——从雅典到撒尔迪斯的外交纵横——希庇亚斯难回斯巴达——克里昂米尼一世战败于埃莱夫西纳——希庇亚斯受邀参加斯巴达同盟大会——希庇亚斯返回西吉昂

其时，雅典正处于几任独裁者的统治之下。筹划丰功伟业的大流士一世正在欧洲扩疆，自然会对雅典有所图谋，但他将从雅典人那里体验到不曾有过的顽强抵抗，雅典人将重击他的军队，横扫他的威风。以大流士一世的判断，雅典与希腊的其他城市没什么两样，它们习惯于独裁统治。但同在暴君统治下的雅典与科林斯的结局为何那样不同？如果我们不分析一下早期希腊产生专制主义的环境，断然不会搞明白这个问题。

就像其他雅利安社会一样，希腊人的天性倾向于家长式的寡头统治。每个家长代表先祖，通过神圣宗教的约束统治家庭。尽管他在世时的生活与困于穴中的兽没什么两样，但他的先祖是全家人的敬拜对象。经年累月，家庭扩大为氏族，氏族通过联合扩大为部落，部落的联合形成城市，但权力原则并没有改变。城市、部落、氏族和家庭都有各自的祭坛和仪式，各自的判官既是祭司也是"王"。但掌权的部落或氏族首领总想成为所有同宗族人的主人，这个主人就会强迫其他首领归顺于他，并依靠圣权把持住自己的权威，进而会声称权力可以继承。在奴隶制似乎原本固有的东方，对国王的敬畏充满奴性，这种倾向不断滋长。国王是神的代理人，他只是偶尔才带着粗鄙的威严露露面，除此之外会隐藏在宫殿里，成为人们崇拜和恐惧的神秘对象，这样的君主只能在亚洲或非洲找到。尽管多数希腊城市逐渐形成了世袭君主制，但世袭君主或国王与破坏自由宪法的暴君或独裁者之间的差异从来就不分明。西方人的君主制像是要把疯狂的野兽撂倒，无论用什么武器和方式。的确，希腊人不是特别反感亚洲人的君主制，他们认为君主制是国家成长的一种表现，但它在希腊人的土壤里难以生长。希腊人也不会像尊敬索萨、尼尼微或巴比伦的君主那样轻易地对希腊国王表示尊敬。因此，当一个希腊王朝被消灭，另一个寡头政权代之而起的时候，严格地讲，这只不过是轮回到之前的统治模式而已，领主们曾经拱手相让或被迫划割给国王的那些权力又被夺了回来。基于此，似乎不用暴动，甚至无须骚乱就可以实现从君主制向寡头政治的转变。

也许我们会认为寡头统治下的希腊城市会快速走向宪法有序和宪法自由，但这种想法是最不现实的。尽管独裁者不可能忽视他神圣的权力

雅典的演讲者

第4章　梭伦、庇西特拉图和克里斯提尼时期的雅典

阶层之外的普罗大众，但超出这个权力阶层之外，他不会承担任何责任。独裁者与他的先辈曾经臣服或奴役的那些人之间没有血缘纽带，因此可能没有共同的宗教社区，也就没有共同的信仰。而没有信仰，任何政府职能都无法落实。尽管那些人承认现有政权，但这可能恰恰是对权力的亵渎。由此看来，对被奴役者和劣等阶层而言，从王权政治到寡头政治的变化在理论上可以说根本没有改变。后者与前者的区别仅在于，即便在统治阶层内部也有人为私利而迎合大众，许诺他们公正，以此赢得他们的协助。事实上，这可能是那些野心家或不满统治阶级的人最可能也最常用的攫取权力并获得成功的方式。

就煽动者的特性而言，他会抨击其他世袭贵族的傲慢与残酷，也许还会亲自呈现一些残暴的假证据。图谋夺取最高政权的人诱使人们拿起武器代他而战，并保卫他的安全。下一步他会取得军队统帅的职位，如果还能从国外招来雇佣兵，他夺取权力的目标立刻就会变成现实。

雅典庇西特拉图的独裁史足以说明独裁统治是如何建立而后又被推翻的。我们发现或多或少接近雅典传统的那些故事也同样在描述与雅典同期或早于雅典的其他希腊城市的情况。也许我们可以推断，希腊政权总在不断变化，处于寡头政治与王权统治的不断交替之中。王权统治替代了寡头政治，而后就是暴君篡位，结果是人们更加痛恨独裁。但这些权力的更替促进了民主精神的成长，直至民主变得足够强大，能横扫一切困难，自由发展。但雅典有一个变化是希腊其他城市没有的，那就是庇西特拉图统治之前梭伦施行的政治改革。我们可以拿梭伦自己的描述做出判断。当时雅典国内的情势十分恶劣，掌权者因国内处处沉冤而内疚，因人们彼此暴力抢夺而自责，穷人被戴上枷锁，甚至被卖到国外去做奴隶。但事实完全不是这样。梭伦推行改革之后，在一次愤慨的呼吁中，曾经把黑土地比作一个人。这个人曾被奴役，现在他亲自将他释放了，拆除了处处可见的围栏，赎回了许多外侵者掠走的土地。那些在

阿提卡被降级成奴隶，在暴君面前发抖的人重新获得了自由。梭伦的描述表明当时的雅典人实际上被分成了两个阶层，一个是拥有土地的世袭贵族；一个是"底底斯"①，即农民，他们被称作"海克特末利"，是"六一税制"土地的使用者，在土地使用期他们须缴纳六分之一税率的赋税。违反合同的农民只好仰仗地主发慈悲了。地主会将农民当年的缺额记成债务，留作来年偿还。但如果欠款达到一定数量，地主就有可能将农民和他的家人卖作奴隶。由于歉收，农民随时都可能欠债，他们的身份和地位毫无保障，很少有机会摆脱做奴隶的命运。他们被困在神圣岩石围挡的土地上，可能永远只是土壤上的耕作机。雅典的大部分土地都被周围的岩石封闭，这就是梭伦断言的围栏。一方面，少数家庭的家长可能是严格意义上的暴君；另一方面，那些在他们面前瑟瑟发抖的农民只能交钱去耕种"六一税制"的土地来维持生存。的确，对那些原先连这点可怜的伪装权利都没有的劳动者来说，即便是这样定期租用土地也是一种进步。我们说伪装是因为只要农民的自由仰仗于地主的任性和庄稼的收成，这种进步就只能说是一种伪装。一句话，农民从摆脱奴隶身份或拖欠状态到恢复自由身，从来就不是法律意义上的真正自由。只要情况不做改变，梭伦就可能完美地道出实情：土地被富人阶层控制着，即便当时有反抗，人们也无力抗击这样一些世袭贵族。显然，这种情况不可能无休止地延续下去。那些被奴役的自由农民要么必须成为自由的土地所有者，要么必须回到原先被奴役的状态。面对这种越来越难以忍受的不满和牢骚，梭伦当然有足够的社会条件去实施他筹谋已久的土地改革政策，即"解负令"②。他的言论似乎暗示了他的土改

---

① 底底斯，古雅典社会的农民阶层，他们本身没有土地，但可以租用政府或地主的土地，条件是必须缴纳租种土地上六分之一的粮食收成，即"六一税制"。这一群体在古代雅典社会通常被称作"海克特末利"，即"六一税制"的土地使用者。——译者注

② 解负令，雅典首任执政官梭伦施行的一系列改革之一，通过减负，对雅典四处流散的农奴和奴隶进行整顿，使他们依赖土地，稳定生活。——译者注

雅典立法者梭伦(坐于高位者)

政策的必要性。梭伦下令拆除了所有"六一税制"土地上标有世袭贵族宗教身份的柱子，减轻了"六一税制"土地耕作者的负担，让他们少交粮或少交钱，但那些自由劳动者和穷地主的负重并没有减轻。

"解负令"只是梭伦改革的一部分。阿提卡有大量人口不属于任何部落，既没有宗教归属也没有政治特权。在世袭贵族看来，这些人没有能力参与国家管理，否则就是犯上作乱。但这个群体中有一部分人的精力和能量可以为国家所用。如果梭伦愿意从这部分人身上获取利益，他就必须重新划分社会阶层，不考虑血亲关系，完全基于财产将国家可用的自由公民进行分类。梭伦按照年收入将所有自由人口划分为四个等级，但排除了有公职和荣誉的贫穷世袭贵族，他认为这些穷贵族是没落贵族阶层的世袭者。如果一个人的财产低于五百蒲式耳①的小麦年收成，他就不能成为阿雷奥帕格斯②的大议会成员，也不能担任大议会中的九名执政官和地方法官。这些执政官和地方法官是大议会中的永久成员。担任公职的人一年的工作表现应该通过合格考评，官员应该对他们的施政表现做出解释，也容易因不当行为遭受弹劾。官员由所有公民参加的公民大会选举产生，被世袭贵族称为"四等乌合暴民"的阶层也包括在内。尽管官员选举排除了贫穷的世袭贵族，打破了古代以宗教和血缘为纽带的专制主义，但部落与国家的关系并没有改变。无论贫穷或富有，一个公民只有归属于某个部落才能成为执政官或大议会成员，才能成为参议会成员。参议会由四百人组成，他们分别由雅典的四个部落选举产

---

① 谷物或水果的容量单位。——原注
② 阿雷奥帕格斯是雅典卫城西北部耸立的岩石山，英语词汇 Areiopagos 是希腊词汇 Areios Pagos 的组合形式，意思是"阿瑞斯石山"。传说希腊神话中的战神阿瑞斯因为杀死了海神的儿子而在此山上接受众神的审判。古代雅典人通常在这座石山上审理自杀、伤人、纵火、砍伐、宗教犯罪等司法事件。阿雷奥帕格斯也指起源于贵族的审判团，后来逐渐形成了现代希腊社会的高等法院。——译者注

第 4 章　梭伦、庇西特拉图和克里斯提尼时期的雅典

雅典世袭贵族

生，每个部落一百个名额，参议会有权对提交到公民大会上的政策和主张做出裁决。

梭伦使每一个公民在大议会中都有一个位置，使全体公民选举出主要的司法官员，并就这些官员的职务表现在年底做出考评。通过保障每个公民对执政官的申诉权，梭伦确保大议会这个人民团体给予世袭贵族一定的独立性，大议会以后可能会发展为公民自由的精简机构。由于没有宗教身份和没有部落身份一样，都不能担任公职，梭伦的宪法改革实际上最终导致了寡头政治，这一点梭伦也承认。梭伦断言他为改善国民状况做了很大努力，有一点可以证实他这一断言：他使雅典人团结了十年——或者像某些人所说的一百年。期间人们苦于没有司法变革，也难以证实这些改革出自他本人。正像梭伦自己所说，他外出朝圣到过埃及和塞浦路斯，他出访过撒尔迪斯，但他的诗歌中没有任何关于撒尔迪斯的内容，也不可能有，因为他立法之后近半个世纪克洛伊索斯才败于撒尔迪斯。梭伦回到雅典时，情势就变了，他得以施行一系列改革的相对

和谐的社会环境此时已被动荡和派系斗争所代替。被称为庇底亚人的平原世袭地主归吕库古统治；沿海地区的帕拉林人与埃尔克梅尼德家族[①]的头领梅格科[②]携手；而庇西特拉图则统治着山区。一次战争中，梭伦预言庇西特拉图会入侵雅典，他竭力警示雅典人，让他们联合起来抵抗独裁，然而徒劳。他毫无目的地穿上铠甲，站在自家门口，他所能做的只是安慰自己，相信自己已尽到责任，同时也回答别人的一些疑问，比如他靠什么避免敌人的报复。梭伦回答道："我老了。"据说，庇西特拉图并没有伤害他。这个改革者为了使自己的国家获得自由，做了任何前人都不曾做的事，安详地去世了。他一世清明，不为己谋，不畏宿命，甚至在庇西特拉图面前也尽展本色。

庇西特拉图的成功充分证明了雅典民主精神的成长是多么缓慢。他挟山区霸主之威风到了雅典，声称自己已从雅典城里攻击他的那些敌人手中逃脱，还不时地指着他的战马和他身上的伤口，证明他讲的是真话。他请求人们派卫兵保护他，以免被那些敌对的帮派成员刺杀。据说梭伦强烈反对此事，但人们还是答应了庇西特拉图的请求。伪装终于被撕下，靠着手持长矛的卫兵的保护，庇西特拉图占领了阿克罗波利斯[③]，而梅格科则带着埃尔克梅尼德家族逃走了。

庇西特拉图成了雅典的主人。据希罗多德讲，庇西特拉图统治英明且善于管理，但并没有进行宪法改革。他超强的本能让他意识到梭伦的宪政本质上是寡头政治，而这与他的想法不谋而合。相对希腊其他城市

[①] 埃尔克梅尼德家族是古雅典贵族中的显赫家族，家族的姓氏本身是从 Neleides 演变而来的，而 Neleides 则来自希腊神话中的米勒斯，即海神波塞冬的儿子的名字。——译者注

[②] 梅格科，古雅典埃尔克梅尼德家族头领。梅格科最早执政可能要追溯到公元前 922 年到公元前 892 年。——译者注

[③] 阿克罗波利斯即"雅典卫城"，也拼作 Acropolis，是古希腊城市居民点，意指出于安全和防卫，在阶梯式或悬崖式山坡上建造的城堡。这样的建筑成为古雅典多数大城市的特点，也是现代社会中雅典等历史遗迹城市的重要标志。——译者注

阿克罗波利斯遗址

阿克罗波利斯复原图

第4章 梭伦、庇西特拉图和克里斯提尼时期的雅典

而言,雅典的统治不那么专制了,庇西特拉图和他的继任者们也足够英明和贤能,但他们的统治并非顺风顺水。据说,第一次灾难很快降临。庇西特拉图的掌权得益于雅典人的四分五裂,他对雅典人的驱逐导致了平原和沿海地区的迅速联合。通过与沿海地区头领梅格科的和解,庇西特拉图稳固了政权,但平原和沿海地区的联合破裂后,庇西特拉图又大肆驱逐他们。这个过程持续了十年,期间庇西特拉图奇袭了与他对抗的雅典军队,在马拉松城不战而胜。

庇西特拉图第三次成为雅典卫城的主人,这一次他决心不给平原和沿海地区留下联合的空间,不能让他们第三次将他驱逐。梅格科及其支持者离开了雅典,其他的反对者被发配到纳克索斯岛[①]做人质以维持当地的独裁统治。通过色雷斯人组成的雇佣军,庇西特拉图政权终究得以建立。

庇西特拉图无法再续写他的灾难或成功,这位雅典暴君驾崩于公元前527年。据说,他的儿子希庇亚斯[②]和希帕克斯[③]继承了他们父亲节制和温和的执政风格,但他们的政治洞见并没有让他们免于危险,他们的危险来自他们自身的恶习。希帕克斯曾毫无廉耻,企图占有美丽的哈默迪丝。亚里士托吉坦[④]得知希帕克斯觊觎他的情妇后既恐惧又愤怒。就像希腊的其他王朝一样,庇西特拉图王朝给自己招来厄运。在阴谋团伙的支持下,亚里士托吉坦决心在雅典游行节期间袭击希帕克斯。

---

① 纳克索斯岛,希腊岛屿,是基克拉迪群岛中最大的一个,古代基克拉迪文化中心。该岛以金刚砂闻名于世,金刚石储藏丰富。——译者注
② 希庇亚斯,庇西特拉图的儿子,雅典暴君。斯巴达克里昂米尼一世入侵雅典后将他驱逐。前480年,希庇亚斯和他的五个儿子及其他庇西特拉图家族成员与入侵雅典的波斯暴君薛西斯一世沆瀣一气,最后徒劳地死去。——译者注
③ 希帕克斯,庇西特拉图的另一个儿子,公元前514年被谋杀。——译者注
④ 亚里士托吉坦与哈默迪丝是古代雅典社会著名的一对情人,他们谋划并刺杀了希帕克斯,而后以刺杀僭主者而闻名,是古雅典卓越民主的象征。——译者注

这一天，有人发现其中一个团伙成员和希庇亚斯交头接耳，由于害怕暴露，亚里士托吉坦和他的团伙即刻下手，杀死了希帕克斯，逃离了现场。希庇亚斯的暴政又持续了四年，期间充满怀疑和残暴，许多城市杀戮不断。修昔底德时期，人们普遍相信希帕克斯作为庇西特拉图的长子继承了父亲的王位，亚里士托吉坦与哈默迪丝不仅报了私仇，也解放了整个国家。那首家喻户晓的歌曲《桃金娘花冠》将杀死暴君的那把剑神化，使正义回归雅典，雅典人的子孙后代得到了豁免重负的保障，获得了公正的荣耀。这些都充分证明了通过谋杀结束希帕克斯王朝的流行说法牢不可破。但修昔底德却谨慎地指出这种说法只是妄加揣测。首先，希庇亚斯——而不是希帕克斯是长子；其次，希帕克斯死后庇西特拉图王朝的统治并没有终止，希庇亚斯使雅典人感受到了暴君的严酷。不过，希帕克斯被杀带来的恶劣影响却警示希庇亚斯，也许更多的灾难正在酝酿之中，他应该好自为之以便灾难来时能充分应对。希庇亚斯的心思转到了波斯暴君身上，这一决定导致了雅典历史及世界历史上的重大后果。

亚里士托吉坦袭击希帕克斯

第4章 梭伦、庇西特拉图和克里斯提尼时期的雅典

攻陷吕底亚王国之后,波斯帝国的魔掌已伸向达达尼尔海岸,雅典在西吉昂①的殖民地成了波斯帝国的附庸国。希庇亚斯已派未来马其顿战役的胜利者米提亚德统督色雷斯城市克伦尼索斯和西吉昂所在的半岛。米提亚德有雇佣军的协助,还同色雷斯头领奥洛勒斯②的女儿联姻,以此稳固了那里的统治。希庇亚斯看到了政治婚姻带来的好处,于是不顾兰普塞克斯③城邦的暴君与波斯王大流士一世甚好的私交,也不顾雅典人对兰普塞克斯人的鄙视,主动将女儿许配给兰普塞克斯暴君的儿子。这

克伦尼索斯遗址

---

① 西吉昂,古希腊城市,位于安纳托利亚半岛上特洛德地区西北部。——译者注
② 奥洛勒斯也拼作 Olorus,是色雷斯国王,也是公元前5世纪希腊历史学家修昔底德的父亲的名字。——译者注
③ 兰普塞克斯,古希腊城市,位于特洛德地区北部的达达尼尔东面,那里的居民被称为兰普塞西恩人。——译者注

样,他在西吉昂有了安全的避难所,在兰普塞克斯暴君那里又有朋友相助,并可以从他那里获取波斯王的信息。

希庇亚斯防范自己可能发生的不测时,埃尔克梅尼德人正密谋驱逐他,这正是他最担心的。希庇亚斯的女儿结婚前五年,德尔斐意外被火烧了。埃尔克梅尼德人负责重修神殿。修好的神殿非常壮观,完全超出了合约中的各项标准。他们被自己的慷慨感动,于是向神殿祈愿,所有前来求助神谕的斯巴达人都得到一个回答:雅典人必须获得自由。德尔斐人小心地帮助埃尔克梅尼德人实现他们的祈愿。斯巴达人听厌了这个来自神谕的命令,就痛苦而违心地从海上出兵攻打希庇亚斯,但有人预先告知了希庇亚斯。在法勒朗平原战役中,斯巴达头领被杀,他的军队逃散。同样是被神谕催使,斯巴达人在国王克里昂米尼一世①的带领下入侵了阿提卡,但他们的围攻技术遭人鄙视,他们挑起的战

克里昂米尼一世

---

① 克里昂米尼一世,斯巴达国王,大约于公元前519年开始执政,摧毁了阿尔戈斯城,扩大了斯巴达在伯罗奔尼撒半岛的影响力。——译者注

第 4 章 梭伦、庇西特拉图和克里斯提尼时期的雅典

争很快遭到唾弃。他们还抓了希庇亚斯的孩子们，企图将他们偷运到国外。双方摊牌了，希庇亚斯同意五天之内离开阿提卡以换回孩子们。这样，庇西特拉图暴力政权建立五十年以后，这个王朝最后的暴君退到了他先前为自己准备的避难所——斯凯曼德罗斯①河岸。雅典卫城竖起了一根柱子，上面记述了这个王朝犯下的罪孽及各个王朝成员的名字，以供未来诅咒。

驱逐希庇亚斯后，紧接着是一场涉及梭伦司法体制的改革。梭伦的司法体制承认所有公民参与政府事务的权利，然而，除非专制主义挡道，否则梭伦对大多数人的权利限制措施迟早会发生重大变革。七成公民不能参加大议会和执政官的选举，也不能参加四百人组成的参议会选举。民众不可能长期忍受权利被剥夺的现状，对一个藏在雇佣军长矛后的暴君来说，很容易就能借这样的宪法实现自己的统治目的。丧失了言论自由，公民在公民大会上的权利就只剩下顺从，那些执政官就会成为暴君的帮凶。梭伦提到庇西特拉图曾经服从执政官审讯的传唤，但他也提到庇西特拉图的原告在庭审当天没有被允许露面。一方面，对希庇亚斯的驱逐使梭伦法令在名义上恢复了力量；另一方面，派系的复生曾一度阻碍了梭伦法令的效力，而这恰恰是梭伦宪法要打击的目标。因贿赂德尔斐女祭司而臭名昭著的埃尔克梅尼德人克里斯提尼和叫伊萨格拉斯②的王族成员分别代表了这两个方面。克里斯提尼失败了，但我们知道他被击溃之后与人民实现了和解。他首先用新氏族代替了旧氏族，而这又是以旧的社会秩序为基础的。所有非氏族成员的公民和无论财富多少都被归入第四阶层的公民必然支持这项改革。对克里斯提尼的信徒来说，他

---

① 斯凯曼德罗斯也是希腊神话中河神的名字。——译者注
② 伊萨格拉斯，公元前 6 世纪晚期雅典贵族，希庇亚斯独裁期间住在雅典，但之后卷入了与雅典政治改革家克里斯提尼之间的权力争斗，后来通过求助斯巴达国王克里昂米尼一世，驱逐了克里斯提尼。——译者注

就成了这片土地上最具智慧和最实干的人,这些人的不满会对国家产生严重威胁。克里斯提尼也明白要扑灭随时都可能转成熊熊火焰的闷火就必须打击宗教组织的基层,他们阻碍了所有公民的政治进步。要创造和旧部落平起平坐的新部落不太可能,在旧的部落中增加氏族或家族的数量被认为是对整个部落的亵渎。没有办法,只能取缔作为政治单元的宗教部落,代之以吸收全体雅典公民参加的、以行政区为政治单元的新部落。尽管这样的变革不像基于特有的宗教社会那样使家庭和氏族彼此接触,但对保守的世袭贵族来说,这种变革给了陈旧的政治信仰致命的一击。伊萨格拉斯自然对此强烈反对。倒不是伊萨格拉斯的敌对态度导致了克里斯提尼提出这次赢得民意的变革,而是这次变革的提出引起了伊萨格拉斯的抗拒。雅典发生的这场变革之争对罗马的贵族与平民之争、中世纪德国和意大利城市中的大家族之争及围绕这些斗争产生的各种行会都有影响。

克里斯提尼举行部落会议

第4章 梭伦、庇西特拉图和克里斯提尼时期的雅典

克里斯提尼长期而艰苦的经历使他得以有效防范宗派斗争和地方狭隘者的反抗。他通过两种手段实现了这一目标，一是将每个部落的成员遣散到全国各地；二是放逐。克里斯提尼使每个部落的成员不集中在同一个行政区，将他们分散在雅典的五个行政区内。简单地说，行政区在很多方面都类似我们教区以下的地方行政区。每个行政区都有一个特定的场所供人们祭拜，有特定的仪式，维护本地的利益，独立征税，负责各自的公民注册等。通过这种联合方式，每个行政区内不同的部落在各自的小教堂内组织宗教活动，这与旧时的贵族大家庭和所有公民都有连带的宗教社会不同。新部落的划分体现了古代最先进的民主政体与现代社会的公民身份理论之间的差异。

没有传统宗教部落背景的公民在新部落改革中谋到了利益，但旧的世袭贵族寡头却对改革愤慨不已。改革不光使他们一无所获，还让他们丢掉了旧有的特权，他们当然会图谋颠覆这套宪法。一旦庇西特拉图和伊萨格拉斯有挑起冲突的迹象，国家就只能靠人民来维护宪法。换句话说，和平与稳定的唯一途径是内战。这样一来，设立一个机构组织来防范旧有特权阶层的阴谋就显得十分有必要。这个机构组织的职能与雇佣军或刺客的职能一样，且兵不血刃。这就要由全体公民来做出决定，也许通过每年一次的秘密投票的方式来进行，看是否应该有一个或多个人出于对整个国家的安全考虑而被定期放逐。被放逐者既不会丧失财产也不会丢掉公民的荣誉。为防范这项权利被滥用，还须精心设置预防措施。放逐制是否有必要实施则交由参议会充分讨论。参议会已经由代表旧宗教部落的四百人增至由新部落构成的五百人。新部落总共十个，每个部落通过抓阄选送五十名参议员。如果事情发展到需要使用放逐制，就找一些人来将他们认为威胁国家体制的人的名字写在陶片上，除非反对票数多于六千票，约合全体公民票数的四分之一，否则没人会被放逐。结果就可能是由少数人的选票来决定未定数量的放逐名额，这种情况下事

情就会变成走过场。如果有谁得到多于六千张的反对票，他就会被警告十日之内离开雅典，但他离开雅典既不丢人也不会丧失财产。这样，没有流血与冲突，国家重获自由，因为试图动摇国家法律安全的人被逐出国家，消失不见了。威胁国家安全的压力就通过这样一种不给个人的恶意留下丝毫空间的模式而得到舒缓。但宪法道德尚不稳固，势力越来越大的社区中依然存在恶意。陶片放逐制只是权宜之计，在民主兴盛时雅典就已弃之不用。

新宪法拥有公民言论自由的大议会、永久成员资格的参议会和新的军事机构，但所有这些都是伊萨格拉斯下决心推翻的。出于寡头的本能，伊萨格拉斯明白，除非他克制住自由言论的冲动，允许所有贫民阶层的公民参与公职，否则只能滋生民怨，世袭贵族权力复兴的黄粱美梦就会化为泡影。埃尔克梅尼德家族遭到了诅咒，他们撒了一个多世纪的谎，他们攻占雅典卫城后害死了执政官基伦及他的追随者。这个诅咒引发了人们的宗教恐惧，伊萨格拉斯在他的朋友斯巴达国王克里昂米尼一世的帮助下，迫使克里斯提尼等人离开雅典。克里斯提尼离开后，克里昂米尼一世进入雅典，他以咒语为幌子，驱逐了七百个家庭。这些家庭的名字是伊萨格拉斯提供的，但他因为这件事栽了跟头，五百人的参议会拒绝按照他的要求解散。伊萨格拉斯和他的随从逃到雅典卫城避难，被围困三天之后，克里昂米尼一世被迫签订协约离开雅典，伊萨格拉斯的随从们只能接受命运的摆布，而只有处死他们才能让雅典人泄愤。克里昂米尼一世撤出雅典之后，克里斯提尼和那些被放逐的家庭返回了雅典。

显然，此时的雅典和斯巴达深陷争执，但他们也知道希庇亚斯正企图借波斯王的威力来威胁他们，而克里斯提尼回归后必定有所图谋。果然，雅典派使节到撒尔迪斯与波斯暴君缔结独立盟约。这些使节被带到吕底亚总督阿特弗尼斯面前，却被告知如果他们愿意献出土地与河流，换句话说，就是向大流士一世俯首称臣，那么波斯王倒是愿意接受他们为盟友。使节们竟然接受了绝对服从波斯王的要求，雅典人义愤填膺，断然拒绝了这种羞辱。这件事本身的意义再强调也不为过，因为它与接下来的一系列事件有密切联系，这些事件直接引发了一场致使薛西斯一世失败的伟大斗争。

克里昂米尼一世并没有因挫败而垂头丧气，他将克里斯提尼的宪法改革看成是对他本人的羞辱，于是决定推举伊萨格拉斯为雅典暴君。克里昂米尼一世煽动斯巴达国内的一些盟友，率领他们远至埃莱夫西纳，离雅典仅十二英里，但他并未透露此行的目的。科林斯人知道本次行动的意图后，声称误入不义之事，立刻退出了同盟。另一个斯巴达王阿里斯顿的儿子德马拉托斯[①]也随之退出，争执动摇了其余的盟友。克里昂米尼一世同盟的溃败似乎激起了雅典人，他们迎来了一连串的胜利，打败了彼奥提亚人和尤碧耶人。希罗多德谈及这些战事时自然又会强调他的观点：言论自由是个好东西。在暴君的统治下雅典人与邻人一样深陷战争，而摆脱暴君的统治却能使雅典人迅速发展。究其原因是：暴君的奴役剥夺了他们的自由，而人人都为争取自由而精神抖擞。雅典人将以为自由而战的澎湃激情，扭转与波斯暴君对抗的局面，首次赢得整个希腊世界的艳羡。他们将以自由的澎湃激情，把暴君的漠不关心和同情怜悯变成刻骨仇恨，就像科林斯人在埃莱夫西纳拒绝克里昂米尼一世的图谋一样。

克里昂米尼一世成功放逐了希庇亚斯，但并没有摧毁克里斯提尼。对他来说这两种感触都极为强烈。他本就极不情愿推翻庇西特拉图王朝，同盟的叛变又招致埃莱夫西纳的失败，这使他极为愤怒。而当发现他被驱逐的朋友希庇亚斯仅仅成为克里斯提尼和他贿赂的德尔斐女祭司的工

[①] 德马拉托斯，斯巴达国王。与共同执政的另外一个斯巴达国王克里昂米尼一世对抗（斯巴达曾经历"双王制"政体），之后归入波斯阿契美尼德王朝，代表波斯参加了第二次入侵希腊的战争。——译者注

具时，他简直义愤填膺。现在，他和他的国人都很清楚，雅典人不会默许斯巴达人比自己优越。如果继续让他们保持自由，雅典人的实力很快就会与斯巴达人不相上下。斯巴达人唯一安全的方法就是使雅典产生暴君。为此，他们邀请在西吉昂的希庇亚斯来参加斯巴达的同盟大会，各盟友被告知这位昔日被放逐的暴君一到就立刻召开同盟大会。

希罗多德对相关事实的记述表明，不仅斯巴达人自认为是希腊世界的头号城市，而且希腊境内也有很多其他城市倾向于这样看待斯巴达。但雅典却不愿意承认这一点，斯巴达对此心生怨恨。斯巴达的这种声望有事实依据，比如科林斯和其他一些城市的士兵跟随克里昂米尼一世远至埃莱夫西纳，尽管他们并不了解此次集结行军的目的。此次召集的大会也能清楚表明斯巴达依然是希腊这个大同盟的首领，他们可以凭自己的意愿召集盟友，但盟友之间的争吵却很难避免，这意味着同盟成员仍有接受或拒绝斯巴达的自由。希庇亚斯为了他的专制统治目的而来，大会也履行了应有的程序，维持了附庸国臣民的自尊。在召集来的同盟成员面前的演说体现了斯巴达人的一贯风格：简洁而直截了当。同盟大会上，斯巴达人坦白了自己愚蠢的行为：在德尔斐受到皮提亚①的愚弄，将雅典拱手让于忘恩负义的戴默斯②——人民。彼奥提亚人和尤碧耶人已经在那里感受到民主的刺痛，别的部落很快也将经历同样的感受。斯巴达人同样坦诚了他们此次召集同盟的目的：帮助惩罚雅典人，复辟希庇亚斯丧失的专制王朝。但科林斯人索锡科斯愤怒地抨击了这项自私而薄情的政策："既然你们这些斯巴达人打算摧毁自由政府，在每个城市恢复最邪恶和最血腥的暴君专制，乾坤将倒置，鱼会驻在地上，人会潜进海里。如果你们认为专制哪怕有一项好处值得推荐，你们自己先试

---

① 皮提亚是德尔斐阿波罗神殿中的最高女祭司的名字。每逢大事，人们会向她祈求神谕，通常以德尔斐神谕而著称。皮提亚这个名字本身来自皮托（Pytho），皮托就是神话中德尔斐的原名。——译者注

② 戴默斯在古希腊指普通市民，即"人民"，"demo-cracy"即"人民统治"。——译者注

第4章 梭伦、庇西特拉图和克里斯提尼时期的雅典

试,然后再来说教别人。但事实上你们并没有试过,还断然以宗教的名义发誓永远不会尝试,你们只想强加于人。经验将给你们上一课,我们有此经验,我们尝到过教训。"一些关于科林斯暴君库普塞罗[①]和佩里安德[②]的故事渲染了这样的道德说教,科林斯人想起暴君们的罪恶依然不寒而栗。斯巴达人在同盟大会上的结束语同样简洁,承认对希庇亚斯的邀请在科林斯激起了疑惑,对科林斯人给予这项同盟政策的解释表示震惊,允许科林斯人至少能出于内疚而决定不参与此次同盟。

这是一场重要的辩论,接受辩论中斯巴达一方的建议想必已为薛西斯一世扫清障碍,甚至还保障了他的不战而胜。这场辩论清楚地表明了政治教育的本质。正是通过政治教育,希腊世界的寡头城邦才逐渐退去。尽管这发生在雅典民主之后,且仍需假以时日。科林斯人和斯巴达人一样,他们都憎恨废除没落王朝所有特权的任何制度,那样的制度打破了旧宗教藩篱,排斥所有没落王朝成员担任公职,甚至剥夺了他们所有的公民权利;那样的制度相信政府机器对世俗民众的统驭。科林斯人和斯巴达人同样憎恨将不忠于法律的人置于国家领袖的位置,因为他此时的适度与节制并不能避免彼时的镇压与残暴。这种恐怖的制度与原始的制度有质的不同,后者能给斯巴达人以自豪感,因而他们能够忍受,且是自我强加的;而前者的权力掌握在民选官员的手中,甚至国王也需要对自己的行为做出解释。这样看来,索锡科斯就可以如实地说斯巴达人没有专制统治的经历,也就不明白像亚洲暴君那样残酷压制的专制统治的功效。

但在这场辩论中,斯巴达人与科林斯人观点不同。斯巴达人明白,只要雅典式民主不被压制就一定会对寡头制度产生致命的影响。而这一

[①] 库普塞罗,公元前7世纪科林斯城邦的第一位暴君,科林斯城邦很富裕,他带头推翻传统的国王世袭制,起初通常会获得大多数市民的响应。——译者注

[②] 佩里安德,科林斯城邦的第二位暴君,他统治下的科林斯曾经一度很繁荣,是希腊城邦国家中最富裕的城邦之一。——译者注

德尔斐女祭司皮提亚与她的三足鼎

科林斯暴君佩里安德

点科林斯人依然不明白,他们现在主张不介入一个独立社会的事务。多年之后,伯罗奔尼撒战争之前的那些辩论中,科林斯人的观点则完全不同。他们的眼光朝向了两种制度的相克关系,即每个公民都有立法权和司法权的制度与世袭的贵族阶级掌权的制度。科林斯人将会看到希庇亚斯给出的回答:时候就要到了,人们会发现雅典人是他们的眼中钉,肉中刺,但眼下人们对希庇亚斯的劝诫置之不理。斯巴达同盟大会一致反对干涉任何希腊城市事务的企图,这位被放逐的昔日暴君只能失望地回到西吉昂。

第 5 章
爱奥尼亚暴动

精彩看点

希庇亚斯在撒尔迪斯的图谋——从雅典到阿特弗尼斯的外交记事——阿里斯塔格拉斯抗击波斯王的暴动——阿里斯塔格拉斯出使斯巴达和雅典——火烧撒尔迪斯——暴动蔓延至拜占庭以及其他一些城市——塞浦路斯与卡里亚暴动——爱奥尼亚舰队战败于莱德岛——亚洲希腊人的分裂与懦弱——米利都沦陷(前495年)——爱奥尼亚第三次被征讨——米提亚德退守雅典

在阐述导致雅典与波斯战争原因的记述中,希庇亚斯的行动轨迹非常重要,他的一系列行动不可能被轻易夸大。我们知道,他与兰普塞克斯的暴君结盟,而这位暴君却高调支持大流士一世。希庇亚斯被迫离开雅典前往西吉昂时目标很明确,就是煽动波斯王与雅典国民对抗,他的图谋很可能与詹姆士二世在圣日耳曼的图谋一样持久,也许更加激进与活跃。斯巴达同盟大会使希庇亚斯失望至极,他被迫回到达达尼尔,但无论采取什么手段夺回雅典统治权力的决心更加坚定。毋庸置疑,为达到个人目的,希庇亚斯一定会竭尽全力利用他与兰普塞克斯城邦的暴君之间的友谊。希罗多德明确阐述道,希庇亚斯一回到达达尼尔就机关算尽,竭力煽动在撒尔迪斯主政的吕底亚总督阿特弗尼斯去征服雅典,明确要求庇西特拉图王朝作为大流士一世的附庸国统治雅典。接下来整个故事的发展表明,希庇亚斯和他的顾问们是想重新夺回政权才鼓动阿特弗尼斯出兵雅典。如果雅典及随后的其他希腊城市归于波斯王的权杖之下,那么,阿特弗尼斯帮助希庇亚斯恢复他在雅典失去的专制统治,与其说是想推翻雅典的自由宪法,不如说是想扩大波斯王的统治版图。所以说,入侵雅典是出于政治目的,同样也是出于宗教目的。

斯巴达同盟大会的召开自然很快传遍了雅典,雅典人也不会怀疑希庇亚斯返回亚洲的图谋。据此,雅典的外交官们第二次来到阿特弗尼斯面前，向他阐明形势，费尽了口舌，说服他不要介入希腊事务。但希庇亚斯的游说起了作用，阿特弗尼斯要求雅典人顾及自身的安全，接受他的统治。雅典人断然拒绝了阿特弗尼斯并把他的反应看作是实质上的宣战。

　　希腊境内西边的居民与波斯人的关系变得极为复杂，最重要的米利都城已经被大流士一世或希斯缇艾厄斯易手阿里斯塔格拉斯——希斯缇艾厄斯的侄子。但他很快又不得已从其新殖民地米勒基诺斯[①]撤退，困守在风光旖旎却又令人讨厌的索萨。此时，纳克索斯岛民驱逐的那些寡头流放者来寻求阿里斯塔格拉斯的帮助。尽管阿里斯塔格拉斯愿意成为纳克索斯岛及它所属群岛的主人，但他感觉以其自身之力恐不足以完成此项任务，因此他让那些流放的寡头们去求阿特弗尼斯协助。这些寡头流放者恳请阿里斯塔格拉斯不要吝啬自己的承诺，并转而向他承诺他们会付很多钱，还会承担此次远征的全部费用。阿里斯塔格拉斯给阿特弗尼斯开出的条件更具诱惑力，答应让他统治纳克索斯岛及其邻近的群岛，甚至包括尤碧耶，那将会使阿特弗尼斯占有彼奥提亚和阿提卡海岸的大部分。阿里斯塔格拉斯还说一百艘战舰就足以完成本次任务，但阿特弗尼斯答应派给他两百艘战舰，同时将此次行动知会波斯王，大流士一世也完全同意此项计划。

　　阿里斯塔格拉斯很不幸，纳克索斯岛的居民过早获知了此次远征的消息，他们充分的备战挫败了敌军四个月甚至更长时间的图谋，使敌军消耗了大量钱财，而其中相当一部分须阿里斯塔格拉斯这方来承担，他的处境突然变得严峻而危险。阿里斯塔格拉斯的确没有欺骗阿特弗尼斯，因为战争的结果非他所能掌控，但他先前许诺要承担养护舰队的费用，

[①] 米勒基诺斯是古希腊色雷斯城邦的马其顿人居住的城市，地理范围属于色雷斯的伊顿尼亚部落。公元前497年，米利都的殖民者建立了这座城市。——译者注

第 5 章　爱奥尼亚暴动

现在却无法履行诺言。单是这一点就触怒了阿特弗尼斯，他永远不会原谅这位夸口的失败者。就像亚洲希腊人遭遇吕底亚君主们和更加残酷的波斯暴君们奴役时一样，阿里斯塔格拉斯也转变了思路。恰在此时他收到一则来自希斯缇艾尼斯的消息，让他剃掉送信人的头发，文在头上的图案传达了暴动的信号。这更加坚定了他行动的决心。

出席阿里斯塔格拉斯召集的同盟大会中的爱奥尼亚人中包括希腊历史学家赫克忒乌斯，或者换句话说是一个以用历史的眼光合理化展示传统为己任的人。他无须费力也用不着去揣测就可以编撰本时代发生的事件，而希罗多德却只能靠道听途说去获知据说是赫克忒乌斯参加那次大会的消息。据说他们受到警告：不要指望剥夺大流士一世的权力。但如果他们决定冒险，至少应该重视周边海域的控制权。阿里斯塔格拉斯特别敦促各方同盟控制住布兰奇戴①家族的神谕，以免它落入敌军之手。虽然他们拒绝了他的建议，不过还是派了一艘船前往米乌斯②执行命令，捉拿可能藏匿在那里的希腊暴君们。米都安人戈榴什也在此次抓到的暴君之列，他曾建议大流士一世不要拆掉多瑙河上的桥。阿里斯塔格拉斯允许将这些被捉的暴君遣回到各自的城市，但回去的暴君们又被他们曾经奴役的臣民释放了，且没有受到伤害，只有戈榴什被施以石刑。为了更加广泛地融合各方，保持共谋大业的热情，阿里斯塔格拉斯至少在名义上交出了自己的权力。他摧毁了暴君们，又让各个城市的市民自主选举他们的长官，自己却乘船离开，去寻求大城市的协助。克洛伊索斯和希庇亚斯曾经在那里得到过帮助。

据说，阿里斯塔格拉斯带着一块黄铜匾，上面是一张当时的世界地

---
① 布兰奇戴，古希腊爱奥尼亚沿海的神殿，神殿里有阿波罗神殿和一处神示所。——译者注
② 米乌斯也拼作 Myus 或 Myos，古希腊加里亚地区的一座城市，位于爱琴海沿岸的一个小半岛上，是爱奥尼亚人的十二个居住点之一。——译者注

两名男子坐在米乌斯遗址残垣断壁上

图,绘着所有的山川江河。按照故事的发展,他到达斯巴达后,真诚地向克里昂米尼一世诉说他的伟业,认为对一座曾经达至希腊巅峰的城市来说,亚洲的希腊人受波斯人的奴役简直是一种耻辱。而波斯人毫不费力、不历艰险就能侵吞大量财富和荣耀也让他感到耻辱,他认为打败那些穿裤子、包头巾、使用弓箭和标枪作战的波斯人并非难事。那样的话,从撒尔迪斯到索萨的整片疆土将会成为绵延不断的财富矿藏。阿里斯塔格拉斯的宏伟图景的确诱人,但当他终于挨到第三天去询问答复的时候,克里昂米尼一世问他从海边到索萨有多远。不幸的阿里斯塔格拉斯回答道,一共三个月的路程,并强调这是一件很容易的事,克里昂米尼一世不等他说完就下令让他在太阳落山之前离开斯巴达。似乎还有最后一线

第5章 爱奥尼亚暴动

希望，阿里斯塔格拉斯去克里昂米尼一世的住所，发现他正和女儿高尔格①在一起，这位声名远扬的列奥尼达一世②的未来皇后当时才八九岁。阿里斯塔格拉斯请求让这个孩子担当使命，克里昂米尼一世责问他当着孩子的面想说什么。这位米利都人开始出十个塔兰特，而后又将贿金增至五十个塔兰特。这时小女孩突然大哭："父亲，如果你不走开，这个陌生人就要向你行贿了。"

阿里斯塔格拉斯终究没能如愿以偿，只能仓皇转到雅典去兜售他的辉煌图景，还恳求说米利都是雅典的殖民地，帮助米利都人是雅典人的义务。历史学家希罗多德曾经评述，阿里斯塔格拉斯会发现欺骗三万雅

列奥尼达一世

---
① 高尔格，斯巴达王后，克里昂米尼一世的女儿，列奥尼达一世的妻子。——译者注
② 列奥尼达一世，斯巴达国王，自称是神圣的赫拉克勒斯的后裔。他领导希腊盟军参加了第二次抗击波斯的战争。——译者注

典市民要比欺骗一个斯巴达人更容易,因为雅典人立刻答应派出二十艘船协助他。然而,阿里斯塔格拉斯却忘记了这两座城市截然不同。人们大概早已遗忘那位跑到居鲁士二世面前威胁他的斯巴达军官徒劳而返的经历,但波斯人答应协助对抗雅典也是事实。雅典人曾受到威胁说如果他们拒绝再次臣服于希庇亚斯就会招致毁灭。因此,正如希罗多德所断言,雅典与波斯实际上已经处于交战状态。雅典人发誓帮助阿里斯塔格拉斯,他们随之进入到一个赢得大量财富与无限荣耀的帝国兴盛轨道,在此期间还经历了一场严酷的战争。

故事继续进展,但我们不能忽视阿里斯塔格拉斯对克里昂米尼一世的游说,他明显是想征服整个波斯帝国,甚至认为这是项很容易的任务。这样,从外国统治者手中解救出几个爱奥尼亚城市完全让位于一个更大的计划——让斯巴达人成为横跨亚得里亚海[①]与布哈拉沙漠之间的广大地区的主人。也许在波斯的收税人被赶出小亚细亚之后希腊人就有了这样的想法,以我们现在的眼光来看,这种想法狂野且荒唐。

阿里斯塔格拉斯终于率领雅典人援助的二十艘船和尤碧耶的埃雷特里亚人援助的五艘船到了米利都。他集结军队远征撒尔迪斯。撒尔迪斯并无抵抗,因而被轻易拿下,阿特弗尼斯只能守在雅典卫城。一间小茅草屋意外着火引发了熊熊大火[②],这使吕底亚人和波斯人万分惊恐,他们逃到了集市上。雅典人害怕至极,撤退到了茂勒斯的高地,天一黑便急忙乘船离开。据说,撒尔迪斯的基比比[③]神殿被焚毁,这为薛西斯一世的军队故意摧毁希腊西部的那些神殿提供了借口。爱奥尼亚人面临的

[①] 亚得里亚海地处地中海的最北端,在意大利半岛与巴尔干半岛之间,海中有一千三百多个岛屿。——译者注
[②] 撒尔迪斯的房屋要么全用草盖成,要么只是房顶用草搭成。——原注
[③] 据说基比比是古代苏美尔列王中唯一的王后,列王石碑上记载,基比比曾统治一百年,大致处于苏美尔第三王朝阶段,后来被供奉为女神。——译者注

基比比神殿里供奉的基比比神

另一个惩罚来得更快,波斯人追上了他们并且在以弗所附近的一场战斗中明显占了上风。希罗多德说起这场大火时还提到了大流士一世。他说大流士一世听到火灾的消息后就询问雅典人是怎样的人,得到答复后他向空中射出一支箭,祈求众神允许他报复这个民族。谈到爱奥尼亚人在此事上的影响力时,这位历史学家的答案是几乎没有。大流士一世明白他也许会惩罚这些爱奥尼亚人,他牢牢记着那些外国人对他犯下的罪行,甚至命令一名侍从在每餐之前都必须提醒他记住对雅典人的仇恨。我们可以充分想象,这样的故事一定会满足雅典人的自豪感或虚荣心。在当时的历史情景下,雅典人竭力获取的影响力也不会被忽视。

据说,我们从希罗多德那里知道的关于这段时期发生的事情是推演出来的。希罗多德明确告诉我们,希庇亚斯多年来竭尽所能煽动波斯人入侵他自己的国家,但雅典的外交官们两次出现在阿特弗尼斯面前阻止了他的阴谋。雅典人对荣誉的欲望也许能解释那则四处流传的故事:大

波斯人与爱奥尼亚人作战

第 5 章 爱奥尼亚暴动

流士一世并不真正了解那个他多年来有所闻、有所虑的雅典民族。最后，我们必须强调一些重要的事实：大流士一世动身去征讨亚洲的爱奥尼亚人时，十一年多时间里都没有征伐雅典人。

不知出于什么原因，雅典人抛弃了爱奥尼亚人，拒绝给他们提供任何帮助。不仅如此，暴动的性质更为严重，已波及拜占庭、卡里亚和塞浦路斯。据说希斯缇艾厄斯被派去镇压暴动，但在阿特弗尼斯看来，希斯缇艾厄斯对大流士一世的影响微乎其微，他非但没有制止这场暴动，还被指责火上浇油。几次奇怪的冒险之后，他被一群波斯骑兵抓住，关进监狱。阿特弗尼斯担心希斯缇艾厄斯会轻易与大流士一世立下和约，就下令将他钉死在十字架上。他的头颅被送往索萨。出于这位伟大国王的恩典，大流士一世隆重接受了这个礼物。总之，大流士一世不相信对希斯缇艾厄斯的指控。仅这一事实也许就能证明我们对这则奇怪故事的怀疑是有道理的，这则故事与他离开索萨之后的一系列冒险行动有关联。希罗多德相信背叛存在，但如果大流士一世果真对希斯缇艾厄斯心存怀疑，就不会将他派往沿海作战而忽视对他的行动监视。除非有足够的证据，否则阿特弗尼斯不会冒险对前来见他的希斯缇艾厄斯说："事情明摆着，你缝制了这双鞋，阿里斯塔格拉斯穿上了它们。"阿特弗尼斯是说希斯缇艾厄斯策划了这个阴谋，阿里斯塔格拉斯实施了这个阴谋。换个角度讲，如果阿特弗尼斯果真相信他的背叛，作为总督他本应下令即刻处死他。

从塞浦路斯人所在岛屿的情势看，一开始，他们就几无可能推翻波斯人的统治。他们的抵抗为他们赢得了信誉，但他们还是被挫败了。因为其中一个暴君叛变了，在一场战斗中他投靠了波斯人，而后就被萨拉米斯人①的战车击败。自此开始，爱奥尼亚人的暴动只是一连串的灾难。

---

① 萨拉米斯，古希腊城邦国家，位于塞浦路斯最大的河流比迪厄斯河的河口。据说萨拉米斯城的缔造者是泰勒蒙的儿子都瑟，特洛伊战争后因为没能为哥哥阿贾克斯报仇，无法回到家乡，才造就了一座新的城市。——译者注

萨拉米斯勇士

他们看到塞浦路斯人的反抗已经失败，他们自己的命运已无所依。动荡仅一年之后，塞浦路斯岛就被波斯人征服。波斯将军们将爱奥尼亚人逐出撒尔迪斯后一路向北进发，城市接连沦陷，直到一则消息促使他们急忙向南撤退：卡里亚叛乱了。在拉布兰达附近的一场战斗中，尽管有米利都人协助，卡里亚人还是遭遇了惨败。但他们的斗志尚未被击垮，他们为波斯人设下了埋伏，成功切断了三个波斯将军率领的军队。然而他们遭遇的是一个可以源源不断地将军队派往战场的君主。这次惨败对爱奥尼亚暴动的整体局势并无影响。普罗庞蒂斯和达达尼尔的胜利不仅仅是对卡里亚的惨败一种抚慰，阿里斯塔格拉斯描绘的宏伟图景如今只好让位于他本人渴望的自我保全了。他建议各方同盟应该备战，在他的叔叔希斯缇艾厄斯掌管的米勒基诺斯殖民地或撒丁岛设置避难所，以防米

第 5 章 爱奥尼亚暴动

利都发生驱逐事件，但这只是他召集那次同盟大会之前的构想。有毕达哥拉斯^①主政米利都，阿里斯塔格拉斯乘船前往米勒基诺斯并得以在那里主政。不久，他袭击并围攻了一座色雷斯城市，而后自己也遭遇了偷袭，结果他本人被杀，全军覆没。

现在爱奥尼亚人的希望完全落在了他们的舰队上，他们已经决定不去攻打波斯人的陆军。米利都人留下来保卫他们的城墙以提防围攻者。舰队在米利都海角附近的莱德岛集合，多年沙土的囤积已将岛屿与海角连在一起。爱奥尼亚人害怕波斯人的陆军，但波斯人也同样害怕爱奥尼亚人的舰队，双方都缺乏自信，甚至那些从腓尼基来的水手也信心不足，

正在讲学的毕达哥拉斯

---

① 毕达哥拉斯，古希腊爱奥尼亚人，哲学家。他的政治和宗教思想在希腊影响很大。他对后期的柏拉图、亚里士多德及西方的哲学家都有很大影响。——译者注

各方的策略都有可能引发敌军的分裂。除了戈榴什被施以石刑外，那些曾被各自先前的臣民释放的希腊暴君奉命告诉爱奥尼亚人，立刻投降将会得到特赦，并能保证今后的赋税不会比先前的重。但如果他们在战斗中屠杀波斯人，他们将遭受残酷的惩罚。送信人趁黑进入希腊各个城市去传达波斯人开出的投降条件，而每个城市的市民以为波斯人的条件只针对他们自己，就明确拒绝了波斯人的要求。莱德岛曾经一度掀起了新一轮的辩论。来自佛卡亚的一位将军狄奥尼修斯警告爱奥尼亚人，做奴隶还是做自由人就像剃刀的两面，明确告诉他们别指望能逃避落败者必为奴的命运，除非他们保持斗志，忍耐眼下的艰辛以换取未来的舒适。

波斯标枪兵、弓箭手和持剑兵

第 5 章 爱奥尼亚暴动

与此同时，他发誓说只要他们服从他的领导，他就能确保他们的胜利。爱奥尼亚人接受了他的建议，舰队便进行系统训练。白天操练结束后，船员们不准回到岸上的帐篷里休息，只能待在抛锚的船的甲板上，就这样耐着性子消耗了七天。但一周结束时，天生性急的爱奥尼亚人终于忍不下去了。暴动只能由一场战争来决定输赢，而我们的历史学家希罗多德承认对这场战争一无所知。

故事的发展中夹杂着懦夫与叛徒的互相指责。战争一开始，萨摩斯人按照与他们废黜的暴君艾克斯共同做出的计划，乘船向家乡驶去。而其中十一艘船的船长拒绝执行舰队统帅的命令，这种叛离行为导致了莱斯比亚人离队，紧接着大批爱奥尼亚人的船也迅速弃队。相比这些懦弱的行为，基恩人的表现令人钦佩。他们用百余艘船击退了敌军的大部分船，不过他们自己也损伤惨重，最终不得不放弃这场徒劳的战斗。

古希腊时期的战舰浮雕

尽管关于这场战役有些混淆与不确定的信息，但故事明摆着，同盟各方缺乏统一的行动力，自私与孤立几乎处处可见，结果只能收获不忠与不诚。希庇亚斯对雅典的罪恶图谋给了我们足够的理由相信波斯人会踏入希腊西部。亚洲希腊人的自私与固执充分解读了阿里斯塔格拉斯匆忙发起的宏伟大业之后的那场灾难，曾经一度摧毁了雅典的政治进程的贵族与平民之间的斗争导致了与波斯作战的希腊东部的瘫痪。暴君统治使雅典人丧失斗志，破坏了雅典人的团结，迫使萨摩斯人极不情愿地参加叛乱，而叛乱又遭到暴力抵抗。叛乱的命运掌握在那些被放逐的暴君们的党徒手中。佛卡亚人狄奥尼修斯决定永远离开自己的祖国，乘着从敌军手中夺取的三艘战舰直捣腓尼基，一举拿下一个毫无防守的港口，击沉一些商船，带着大批战利品驶向西西里。在西西里，狄奥尼修斯成了海盗，还给自己定下了规矩：只抢夺迦太基人和第勒尼安人，不抢夺意大利和西西里的希腊人。

　　爱奥尼亚舰队的惨败使米利都面临海上和陆上被封锁的危险。波斯人来势汹汹，他们在城墙下挖地道，携带各种武器攻城。最终，在阿里斯塔格拉斯发起暴动六年后，米利都沦陷了。据说成年男性全部被诛杀，剩下的人全被赶到索萨。在索萨，他们又被大流士一世赶到底格里斯河口的安佩城居住。米利都人四面被围，生活在波斯人的铁掌之下。布兰奇戴的神殿遭劫后被烧毁，赫克忒乌斯建议爱奥尼亚人好好利用的那些金银财宝现在成了波斯王的猎物。不过我们相信，希腊的新生代居民被允许回到了米利都。尽管这座城市已与旧时的辉煌不同，但它依然属于希腊人。

　　次年，邻近亚洲海岸的各大岛屿相继陷落，这被希罗多德说成是第三次征服爱奥尼亚。第一次是吕底亚国王们征讨，第二次是与吕底亚国王们统治的吕底亚王国一同并入广阔的波斯帝国版图。

　　征服爱奥尼亚城市之后，波斯统帅们驶向达达尼尔北岸的城镇。这

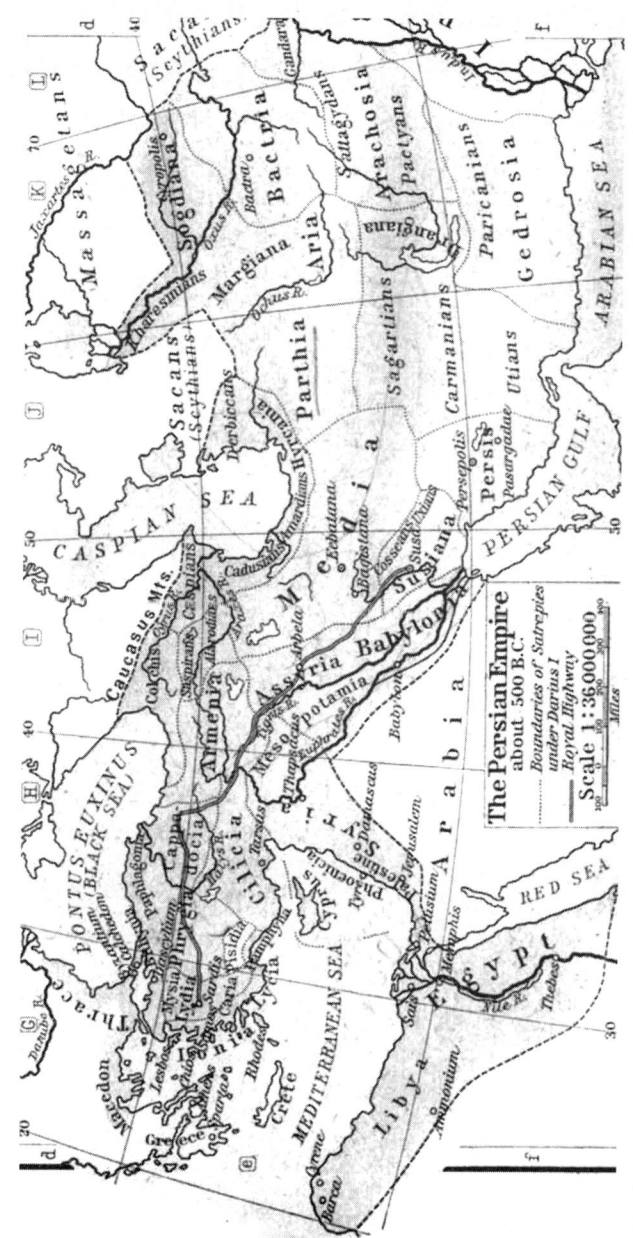

波斯帝国全盛时期的疆域

里无须硬攻,许多城镇很快就投降了。达达尼尔对岸海岬上的拜占庭和乔基坦人逃到黑海沿岸安顿下来。据说腓尼基人将遗弃的城市放火烧得一干二净,他们占领了色雷斯人居住的克伦尼索斯城的所有城镇,除了卡尔迪亚。米提亚德,这位未来的马拉松战役的胜利者依然留恋于此,听说腓尼基人已经到了忒涅多斯岛,他才用五艘船装满家当驶向雅典。尽管在伊莱厄斯①遭遇了腓尼基人的船队并损失了一艘船,但他还是安全抵达了雅典。

---

① 伊莱厄斯,古希腊色雷斯城邦色雷斯半岛(今加里波利半岛)上最南端的一个城市,达达尼尔河南端,在今土耳其境内。——译者注

第 6 章
达蒂斯与阿特弗尼斯远征希腊

精彩看点

阿特弗尼斯主政爱奥尼亚——公元前493年马多尼奥斯施政——马多尼奥斯在色雷斯遭遇尴尬——大流士一世特使出使希腊——阿尔戈斯与斯巴达之战——达蒂斯和阿特弗尼斯远征纳克索斯与埃雷特里亚——波斯人登陆马拉松——阿里斯蒂德和蒂米斯托克利——波斯人备战马拉松——普拉提亚与雅典结盟——希庇亚斯与波斯人的真正意图——雅典人进军马拉松——马拉松平原——雅典人凯旋——马拉松战役的伟大意义——马拉松战役中的传统元素——大流士一世谢幕——埃尔克梅尼德家族受到指控——米提亚德远征帕罗岛——米提亚德受审与死亡——米提亚德事件中雅典人的行为

波斯人为了压制亚洲希腊人的勇气便扬言要报复，但并没有得逞。虽然可能并非是有意为之，但无论出于什么动机，波斯人彻底征服希腊后采用的人性化政策为他们赢得了信誉。波斯总督阿特弗尼斯给我们留下这样一种印象——力图在希腊人与他们的主人波斯人之间建立一种永久的牢固关系，改革的方针自然瞄准了那些阻止政治成长的罪恶根源。阿特弗尼斯的这些政策也许会让人们以为他宁愿受大流士一世责备也不愿意得到他的赞扬，因为没人指望大流士一世会赞扬一项可能使他的敌人强大的政策。阿特弗尼斯强迫希腊各部落停止无休无止的争斗，遵守一项能终止希腊各城市之间的暴力与掠夺的法律，他力行的变革并非使希腊人变得更加温顺和驯良。希罗多德认为他的改革大大促进了希腊人的政治成长，这倒也颇为公允。希罗多德还重点补充说，不管希腊人愿不愿意，阿特弗尼斯都强迫他们采用这些改革政策。摸清了整个希腊的情况后，他强迫所有被评估的税赋，无论缴纳与否[①]，都保留在波斯王的税收登记册中，作为亚洲希腊人的合法纳税义务。这些政策直到波斯帝国在亚历山大大帝的凯旋之师面前陷落。由于此次评估的税赋大多是暴动之前就有的，因此我们不能说这是波斯人通过增加希腊人的纳税负担来报复他们。

---

① 雅典专制统治期间，这些税赋并未缴纳。——原注

按照希罗多德的判断，马多尼奥斯①的政绩更为出色。米利都沦陷后的第二年春天他到了达达尼尔，娶了大流士一世的一个女儿，且正值壮年。他分明为了波斯帝国扩张希腊西部的疆土而来。但在对雅典实施报复之前——这也是他此次远征的目的，他完成了镇压爱奥尼亚的暴君、建立民主政治的任务。正像希罗多德所言，这的确不是一个波斯人应有的诉求，但这也仅仅意味着他驱逐甚至杀死了那些希腊暴君——这是对付暴君更好的办法。一旦折断暴君的权杖，人民就会立刻恢复被暴君们破坏的宪法。要区别马多尼奥斯与阿特弗尼斯的政策并不难，希罗多德并没有在有关阿特弗尼斯实施的变革的叙述中提到暴君，这些城市被迫彼此结成永久同盟。然而，如果这些城市有各自的统治者，彼此的盟约就必须以这些统治者之名缔结。阿特弗尼斯也一定明白，除非各个城市有自己的统治者或者被允许自治，否则和平不可能长久。的确，除非他驱逐了那些暴君——他也不可能绝对信任他们，否则他会前功尽弃。所以，我们只能说，如果阿特弗尼斯在马多尼奥斯到来之前就实施了变革政策，那么，后者能做的就只有鼓励前者实施的那些政策。

驻扎在索萨的大流士一世将马多尼奥斯派到色雷斯，但他注定不会有更大的成就。马多尼奥斯的确超越了迈格比佐斯所能达及的征服范围，但船队离开阿卡索斯②，沿着阿克忒半岛行驶时，一阵惊骇的暴风雨将他的船队拍打到铁栏围起的阿陀斯山海岸处。船上成千上万的人要么死于撞击岩石的巨浪拍打过来的强烈冲击力，要么死于集结在海边的鲨鱼的侵袭。登陆以后，他的军队又受到当地一个部落的袭击，结果又是一阵残杀。不过，这个部落最终还是被迫臣服于波斯王。

---

① 马多尼奥斯，公元前5世纪希波战争中波斯著名统帅，他镇压了希腊爱奥尼亚人的暴动，于公元前492年废黜雅典暴君，在雅典建立了民主政府。历史学家认为马多尼奥斯此举是为了避免爱奥尼亚人再次暴动。后来他死于普拉提亚战役。——译者注
② 阿卡索斯也拼作 Acanthus，是阿索斯半岛上的古希腊城市，位于今天希腊阿克提半岛东岸的伊里索斯城附近。——译者注

第6章　达蒂斯与阿特弗尼斯远征希腊

船队遭遇的灾难已经使他们无法继续向南行进，因此，马多尼奥斯返回家乡。在大流士一世统治期间再也没有关于他的任何消息。

马多尼奥斯的失败似乎触动了大流士一世，这位波斯王比以往任何时候都想弄明白在他帝国的扩疆中希腊人到底有多可靠。在他采取的一系列措施中，我们可以清楚地看到希庇亚斯的影子，这位雅典的流亡暴君竭尽所能在波斯王面前煽风点火。如果大流士一世不费一兵一卒就能知晓有多少希腊岛民和陆民愿意臣服于他，很大程度上就会为他彻底征服希腊扫清障碍。于是，大流士一世派传令官到希腊各地，以皇帝之名要求得到一些土与水，意即臣服于波斯帝国。传令官所到的各个岛屿上的居民很快就接受了这一命令，很可能薛西斯一世同盟中的那些大陆居民也接受了命令。放弃自由的岛民也包括埃吉那人①，他们的行为引发了雅典人的愤怒，他们之间本来就战乱不断。埃吉那人因顾忌自己在东地中海的贸易利益而不愿冒险与波斯人合作。不过，他们像底比斯人一样憎恨雅典人。于是，雅典特使出现在斯巴达，向斯巴达人抱怨埃吉那人。这位外交官声称埃吉那人的变节不只是针对雅典人或具体哪个希腊城市，而是对整个希腊的变节。此次告发不仅表明希腊人的集体生活方式在发展，而且显示斯巴达在希腊各城邦国家中的领头羊地位。对雅典人而言，当场敦促惩罚埃吉那人就不会显得他们无能；对斯巴达人而言，他们有义务确保希腊联邦的各个成员不会背叛整个联邦的利益。雅典与斯巴达之间呈现出的和谐关系很可能是出于他们面临的共同危险，只不过这种危险对斯巴达的威胁要比对雅典小一些。有一则奇怪的故事：传令官到达雅典后被投进了丢弃罪犯尸体的鸿沟里，而到了斯巴达，则被告知"带上你们想要的土和水去见你们的国王吧"，随后便被投到一口

---

① 埃吉那人，埃吉那岛上的居民。埃吉那岛是萨罗尼克群岛的岛屿之一，靠近萨罗尼克海湾，距雅典仅十七英里。埃吉那的名字源于埃吉那国王阿库斯的母亲埃吉那。——译者注

井里。虐待传令官是一种犯罪，这与希腊人的品性大体是不相容的，在雅典人和斯巴达人看来，这种虐待行为简直令人发指。这次丧失理智的事件根本不符合斯巴达人的行事作风，人们也不太相信大流士一世会派信使到斯巴达。要知道，斯巴达人曾经支持吕底亚国王克洛伊索斯，曾经蛮横地威胁过居鲁士二世，也曾经因为自己的傲慢受到居鲁士二世的警告。大流士一世更不可能会对雅典人有任何提议，即便有类似的提议，雅典人也会接受他们的旧主人希庇亚斯的要求。其实，阿特弗尼斯早就将斯巴达人对他的拒绝看成是实质上的宣战。很难相信波斯王大流士一世会用这样一道命令去考验与他没有冲突的人，倒是应该传令给那些公开与他为敌的人。显然，如果雅典和斯巴达没有像其他国家一样被逼承认波斯王为最高统治者，这两个希腊城邦国家就会被逼协同作战。除此之外，尽管面临各种阻力，雅典人却保持着抗击薛西斯一世的热情，这可以解释上文那个流传的故事：雅典人自始就是这样的行事态度。故事一传开，就有人添油加醋，其中之一说蒂米斯托克利[①]主张将随传令官一起去的译员处死，因为他使希腊的语言成为奴隶制度的召唤工具，他亵渎了希腊语。还有一种版本将杀死传令官的提议归因于米提亚德，他在多瑙河桥边就赢得了为希腊人做事的名声。

  雅典人的恳求迫使斯巴达人考虑是否有必要声明对埃吉那人进行管辖，是否继续维持希腊联盟的最高地位。但如果不是他们的老对手阿尔戈斯被轻易打败，斯巴达恐怕也不会采取行动。这座在人类现代史进入黎明之前的古老城市，伯罗奔尼撒半岛上最主要的霸权国家，也许一开始就对南部近邻的发展产生了本能的妒忌。虽然整个希腊世界霸主地位的威胁迫在眉睫，但斯巴达却犹豫不决。波斯传令官到来之前的两三年

---

① 蒂米斯托克利，古希腊雅典政治家、将军，是雅典早期民主政治体制下产生的非贵族出身的政治家，很受雅典底层阶级欢迎，与雅典贵族格格不入，公元前493年成为雅典执政官，大力发展雅典海军，参加了马拉松战役。——译者注

蒂米斯托克利

发生了一场战争，斯巴达国王重创了阿尔戈斯，后者只能祈求征服者的怜悯。阿尔戈斯受到的羞辱证明克里昂米尼一世试图征服那些最早宣誓臣服波斯王大流士一世的埃吉那人，但他遇到一些很难忽略的阻碍。他发出了让埃吉那人投降的命令，得到了这样的回复："没有人会去注意斯巴达国王说了什么，因为他在违法行事。"这次外交风波导致的法律问题应该受到重视。克里昂米尼一世的同僚德马拉托斯[①]并没有出现在本次行动中。克里昂米尼一世回到斯巴达，下定决心要打败阻挠和挫败他向雅典进发的人。在与德马拉托斯出生相关的一些故事中他找到了办法，翻新了旧的丑闻，德马拉托斯因为自己的私生子身份而被革职，于是逃到了亚洲。据说，大流士一世不仅委任他管辖几座城市，还给他提供了一份收入。德马拉托斯逃走后不久，迫使他被革职、流亡的阴谋浮出水面，克里昂米尼一世为避免公共审判逃到了塞萨利。在那里，克里昂米尼一世带回了一支效忠他的军队，他们因斯蒂克斯河水泛滥转而支持他。斯巴达人哪敢面对这样一支军队，克里昂米尼一世又恢复了他的职权与荣耀。但他变了，他在街上遇到市民就侮辱他们，被市民制伏后，就从随从身上抽刀对自己一阵乱砍。

　　阴谋无休无止，争吵喋喋不休，孤立已司空见惯。现在，波斯王大流士一世要举兵讨伐异族。除了火烧撒尔迪斯的基比比神殿外，大流士一世还有其他一些旧仇要报，但倒台的雅典暴君希庇亚斯在他跟前纠缠不休。他下令远征不是报复马多尼奥斯受到的羞辱，而是为了阿特弗尼斯和一个叫达蒂斯的米底亚人。达蒂斯自称是雅典人埃吉乌斯的儿子梅多斯和他的妻子科尔基亚人美狄亚的代言人，声称自己拥有雅典国王的风度与尊严。此次远征的使命就是要使雅典市民和埃雷特里亚的尤碧耶人臣服于波斯王。于是，波斯大军集结在基利吉亚，这位盖世之主首先要惩罚纳克索斯人，因为他们曾挫败了米利都人阿里斯塔格拉斯的

[①]　即后来史诗般的波斯战争中薛西斯一世的同伴和顾问。——原注

埃吉乌斯（站于中间者）

美狄亚

第 6 章　达蒂斯与阿特弗尼斯远征希腊

计划。相较而言，大流士一世的这项任务轻而易举，因为镇压爱奥尼亚暴动已经使希腊人心惊胆战。波斯人逼近，纳克索斯人逃到了山上，留在城里的沦为奴隶，全城一片火海，神殿也被焚毁。这些岛民中唯独提洛人受到优待。他们也逃难上山了，但达蒂斯邀请这些高尚的人返回家园，无须害怕，因为波斯王有严格禁令：不准损毁孪生神的土地。

首先反抗波斯大军的是尤碧耶最南端城镇里的卡里斯托斯[①]人，但城市被封锁，土地被烧毁，他们很快就感受到了抵抗的无望。波斯舰队离开卡里斯托斯一路向北，直逼埃雷特里亚。埃雷特里亚人连续六天奋力抵抗，但在第七天失守了，因为两个市民叛变了，城里的神殿被焚烧，部分市民沦为奴隶。

至此，波斯人也许幻想过，在此次远征结束时，他们将会在夏日的海上航行，他们的敌人已经像被风吹起的谷糠和麸皮一样给他们让路。希庇亚斯则对波斯人的虚荣竭尽阿谀，向他们保证即使在雅典或斯巴达也不会遭遇更激烈的抵抗，但他们至少也该与平时一样谨慎。希庇亚斯对那片他曾经统治过的土地很了解，这也许能帮上他的波斯朋友。最适宜波斯装甲军队行进的地方是马拉松平原，周围有阿提卡东北部的海岬围绕。据此，这位被废黜的雅典暴君同他的波斯同伙在马拉松登陆，即将展开一场决定雅典未来历史航道的战斗。自从他早年陪同他的父亲庇西特拉图出征以来，几乎半个世纪过去了，而当初出征的地方恰恰是他现在进军雅典的地方。其时，雅典人的政治教训只限于臣服于被雇佣军的长矛包围的暴君，或者保持中立。而贵族们则在无休止的争吵和宗系争斗中消耗着国家的实力，但那样快乐的日子一去不复返了！冷漠曾被梭伦斥为一个公民可能犯下的最大罪行，现在已让位于维护法律的坚定决心。法律保障每个人的言论自由、投票自由、行为自由，法律使人民充分意识到他们为自己而非为暴君劳动，而暴君们却把人民的辛劳看成

[①] 卡里斯托斯也拼作 Carystus，希腊小镇，位于乔基斯以南一百多英里。——译者注

像机器一样的运转。暴君们没有学会比尊重机器更尊重人民,哪怕是心生厌恶和恐惧,他们也没能醒悟统治者是毫无担当的立法者和判官。他们从中获取能量和毅力并深受鼓舞的信念从来没有感动过希腊民众。这样的信念对希庇亚斯的图谋,对波斯王的野心都是一种阻碍。不过,希庇亚斯未必对波斯王的野心心存芥蒂。自从这位失败的雅典暴君出逃西吉昂以来,二十年过去了,旧专制主义的魔咒早已被打破。地理分布划割的新部落替代了传统宗教部落,世俗贵族惋惜不已的奴性崇拜也早已被扫除。每一个公民都受到教导:他是这个独立的、自我管理的社会的一分子。这场巨变不仅推动了新兴政治阶层的产生[①],而且唤醒了一种更为普遍的无私爱国主义。命运就是这么神奇,当这位昔日的暴君再次

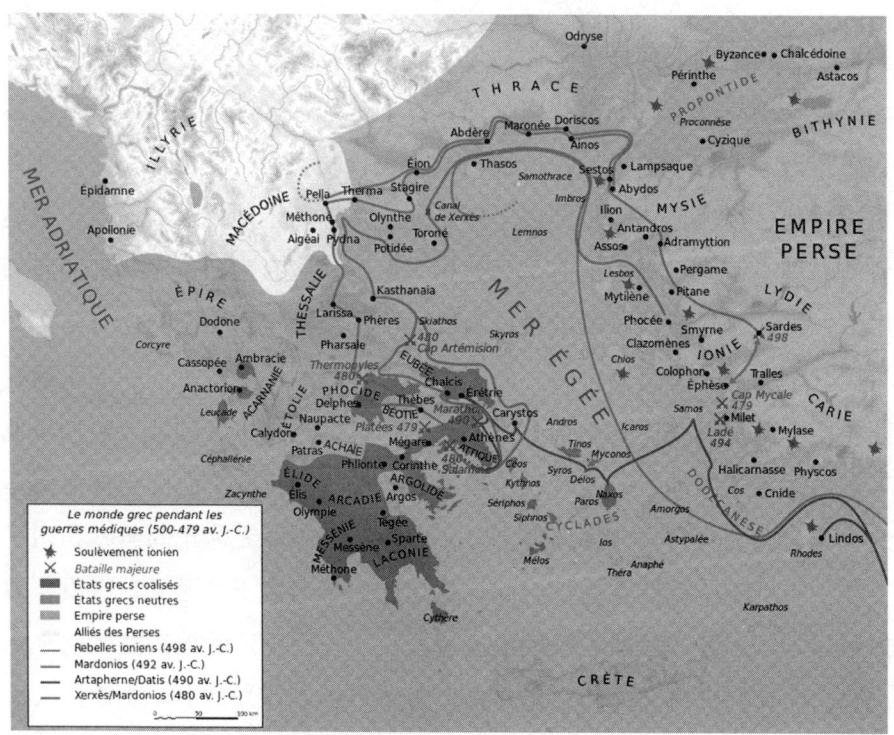

公元前500年到公元前479年的希波战争示意图

---

① 新兴政治阶层来自中产阶级,甚至是社会地位更低的人。——原注

第6章 达蒂斯与阿特弗尼斯远征希腊

踏上阿提卡的领土时,他面对的恰好是他曾派往色雷斯的克伦尼索斯主政的、那位受他点拨的聪明学生。

希庇亚斯与大流士一世遇到的另一个阻碍更加可怕:蒂米斯托克利和阿里斯蒂德①这样的雅典政治家崭露头角。这两人都非出自传统的世袭贵族,蒂米斯托克利的父亲纽考斯的妻子甚至是一个来自卡里亚或色雷斯的外乡人。他们家境贫寒,门第卑微,但他们将为自身所在的城市,

阿里斯蒂德

---

① 阿里斯蒂德,古希腊雅典政治家,有"正义之士"的雅名。在对抗波斯侵略的战争中他的领导力得到了充分显现。希罗多德将他描述为雅典最完美、最德高望重的人,在苏格拉底对话录中也有类似的记录。——译者注

甚至整个西方文明史着上浓墨重彩的一笔。这两位政治新星的习性与思维方式完全相反，也将终生为敌。不过，国家的共同危险也会抑制他们习惯性的敌意。在希腊政治家身上普遍存在，又致命缺乏的美德上，如果他们也能有这种竞争意识，这对他们本身、对雅典倒是一件更好的事。不幸的是，蒂米斯托克利在金钱上从来就没想过节约，而阿里斯蒂德则为自己赢得了"义人"之名，这一头衔暗示那些显赫的市民还是比较腐败的。对蒂米斯托克利而言，画一幅没有接缝和污渍的画就像我们希望奥利弗·克伦威尔①或沃伦·黑斯廷②没有污点同样荒唐可笑。蒂米斯托克利刚开始一无所有，而后囤积了大量财富，这是不争的事实。他决心出谋划策，促进雅典真正利益的实现，同时决心通过这些利益来确保自己的伟大，这也是不争的事实。他具有辨别事物真实关系的不可思议的能力，似乎生来就知道怎样解决棘手问题。他做事坦诚，但只要他愿意，他可以将自己的意图藏得严严实实。这样一个人的生活自然会引发大众的无穷幻想，越来越多的人相信他能说出每一个雅典人的名字。蒂米斯托克利有惊人的理解力和前瞻力，能够对现实事物做出最真实的判断。他无须工于心计就能预知未来，而且拥有常人所不及的温良性情。他不会认为单纯的锐气和勇气可以弥补经验和智力上的不足，他身上不存在蛮勇，没有谁能像他那样把政策界定得一清二楚，也没有谁能像他那样推动政策有效实施。不过，蒂米斯托克利有时也改弦更张。每当士兵松散、凝聚力匮乏、军队无法形成紧凑的整体时，他就得采取多种方法解决问题。而在他统治下的自由雅典人看来，这是缺乏法律依

---

① 奥利弗·克伦威尔，英国政治家、军事家和宗教领袖。17世纪英国资产阶级革命中，资产阶级新贵族集团的代表人物、独立派的首领。1649年，他以议会和军队的名义处死国王查理一世，宣布英国为共和国，成为实际的军事独裁者。1653年，他驱散议会，自任"护国公"，建立了护国公体制，成为英国事实上的国家元首。——译者注
② 沃伦·黑斯廷，英国首任驻印度、孟加拉总督，任职期间巩固了英国对印度殖民地的统治。——译者注

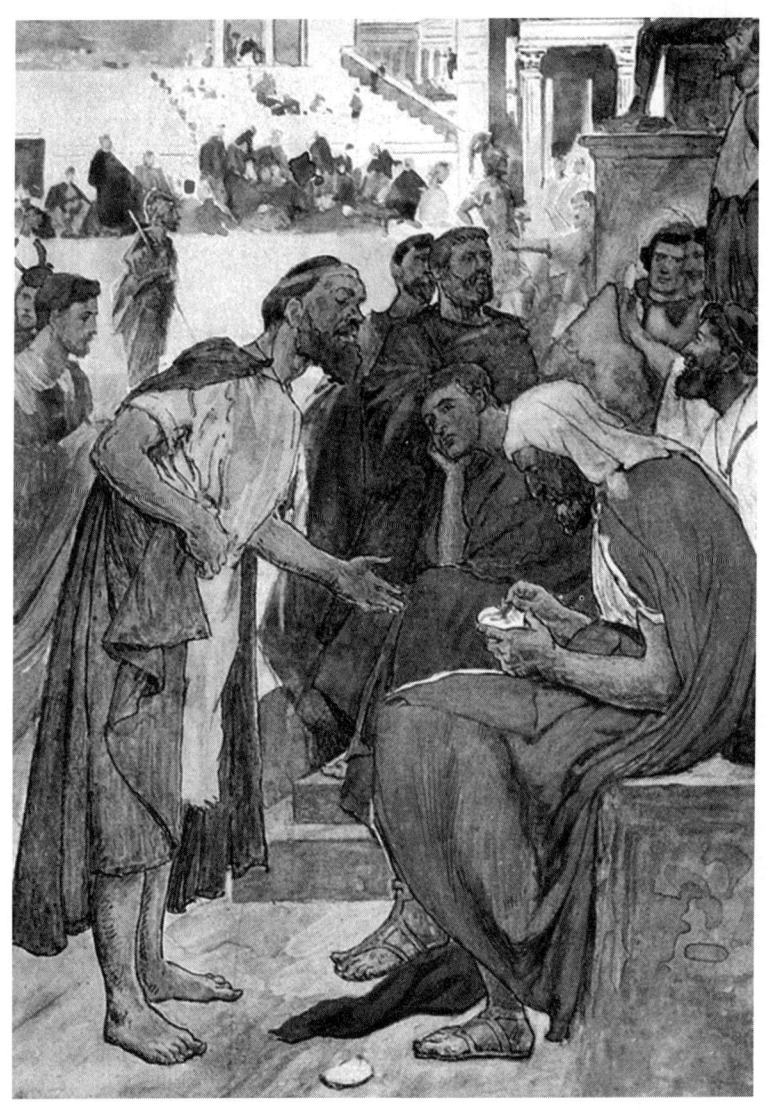

阿里斯蒂德与雅典平民

据的。他比雅典人更清楚什么对他们有益，什么对他们有害，他不允许任何技术或法律上的顾忌成为他立刻实施或断然放弃某项政策的羁绊。他的天赋如耀眼的光彩，但他并没有使之充分照耀。蒂米斯托克利当然参加了马拉松战役，但我们没有足够的理由证明他是那场重大战役的统帅。

危险逼近雅典，据说雅典人派长跑运动员菲迪皮茨①到斯巴达求助。他当天早上从雅典出发，第二天夜晚到达斯巴达，超越了所有波斯与印度的长跑者，完成了一百五十英里的壮举。然而，他一路的劳苦并没有得到犒赏。他告知斯巴达人尤碧耶的埃雷特里亚已战败，尤碧耶的居民成了奴隶，但斯巴达人不得不遵循父辈的传统，月圆之前不准走动。与此同时，波斯那边的希庇亚斯正集结各路人马在马拉松平原排兵布阵，他似乎看到了复辟昔日王权的迹象，但突如其来的一阵咳嗽竟让他咳出了一颗牙齿，希庇亚斯顿时沮丧起来。这次意外很像据说当年征服者威廉登陆佩文西②海岸时的遭遇，当时的诺曼底人也意识到了足以解释为胜利的迹象。希庇亚斯只能面对朋友悲叹自己背负的命运——阿提卡能给他的土地恐怕只够埋葬他的一颗牙齿。此时的雅典随着普拉提亚③人的到来而呈现出胜利的曙光，他们统全城之兵慷慨而来。这些普拉提亚人期盼彻底脱离底比斯，他们已经向斯巴达国王克里昂米尼一世请求加入斯巴达联盟。克里昂米尼一世当时正率军经彼奥提亚返回斯巴达。他试图摧毁雅典的克里斯提尼，瓦解他的宪法，但没有得逞，这使他气急败坏、情绪恶劣，正恨不得寻找机会出口恶气。在克里昂米尼一世看来，

---

① 菲迪皮茨，人类历史上著名的长跑运动员，激励了现代马拉松运动。据说他一口气从马拉松跑到雅典，报送马拉松战役的胜利。——译者注
② 佩文西，英国东萨塞克斯郡的一个小村庄和地方行政区，离佩文西湾仅有一英里。1066年，征服者威廉正是从法国诺曼底穿过英吉利海峡，从这里登陆入侵英国的。——译者注
③ 普拉提亚，古希腊城市，位于底比斯以南，是公元前479年普拉提亚战役的发生地，那次战役中，希腊城邦联盟击溃了波斯军队。——译者注

第6章　达蒂斯与阿特弗尼斯远征希腊

答应这些普拉提亚人的要求总算是找到了出气的机会。然而，如果克里昂米尼一世让斯巴达接受这些普拉提亚人，斯巴达就可能与底比斯产生争执，甚至战争；如果让普拉提亚人去和雅典人结盟，雅典也会陷入同样的困境。于是，克里昂米尼一世建议普拉提亚人去求助雅典人，将烫手的山芋丢给雅典人，这很合他的心意。但事情的发展仅满足了他的一部分期待。普拉提亚人听从了他的建议，与雅典结为同盟。这对雅典而言虽无益也无害，却注定会给普拉提亚带来灾难，尽管克里昂米尼一世无意于此。

眼下，一切向好。普拉提亚人向马拉松进发，他们至诚无私，敢冒被波斯人报复的风险，雅典人一定深信这是希腊人身上具有的值得为之而战的优秀品质。从此以后，他们之间迸发出的热情粘固了这两座城市接下来近二十年的友谊。在雅典五年一次的庄严祭献仪式上，传令官祈求上天保佑雅典人和普拉提亚人。

从米提亚德与他的同伴们离开雅典到他们从马拉松战场归来很可能最多只有两天时间，他们凯旋，这是他们未敢奢望之事。他们动身进发之前耽搁了好些时日，可一离开雅典，他们的行动便迅雷不及掩耳，不仅打乱了公开的敌人——波斯人的计划，也扰乱了藏匿在城墙内的那些叛徒们——希庇亚斯人们的计划。只有这样才能恰当描述希庇亚斯和他的党徒。这位被放逐的暴君设计了颇显其军事智慧的一项谋划。波斯战舰被拖至海岸，侵略者的帐篷在马拉松平原边缘沿线扎起，从平原经过哈梅托斯[①]和彭特利科斯[②]之间的一条道路到雅典，距离只有二十五英里。似乎所有的征象都表明波斯的将军们意欲在此决战，这里也的确起了战事，但这并非他们的真正意图。登陆马拉松只是佯攻，目的是要引

[①] 哈梅托斯也拼作 Hymettus，是希腊中东部阿提卡行政区雅典城市周围的山脉。——译者注
[②] 彭特利科斯，希腊阿提卡地区的山脉，位于雅典东北部，马拉松的西南部。——译者注

出雅典城里的陆军。真正的袭击从法勒朗平原发起，由波斯战舰中匆忙登陆的军队来完成。希庇亚斯与他的党徒约定，一旦有白色的盾牌在彭特利科斯山头举起，即是警示雅典军队正向马拉松行进。如果盾牌举起的时间早于雅典军队出城的时间，这个信号就会产生干扰，雅典统帅断然不会让雅典城陷于未知的危险之下。如果雅典军队出城很久以后盾牌才举起，那这个信号就不会起到任何作用。这样说来，传达信号的时机就极为重要。波斯统帅们应该提前知道信号发出的时间，以便波斯战舰能有十几小时，甚至两天的时间做好充分准备，驶向雅典港口。大流士一世断然不可能为扩大希庇亚斯的利益而做出更加大胆或精明的计划。尽管雅典的将军们尚不清楚大流士一世的详细计划，但他们必然意识到藏在暗处的希庇亚斯的野心同样不可小觑。在这个少数人支持的团伙内

马拉松战役初期形势图

第 6 章　达蒂斯与阿特弗尼斯远征希腊

部，他们必然也会对自己的图谋犹豫不决，这种犹豫总归会影响到马拉松战场，这使整个故事令人费解。

故事的另一个版本出自希罗多德，他认为，在马拉松战役推迟的那几天里，雅典军队尚未出城。米提亚德与其他四位主张立即开战的将军恳请军事统帅卡利马乔斯①投票反对另外五位主张缓战的将军。他们的恳求颇具鼓动性，尽管卡利马乔斯决定立刻开战，但他似乎并没有下定决心实施。始终支持米提亚德的四位将军把每日轮流的执政权让给他，但据说米提亚德还是按常规等到他自己的执政日才开战。除非我们相信雅典的将军们在决心立即开战之前就丧失了这座城市的主要军事力量，相信波斯人正忙着袭击雅典城时，他们宁愿在马拉松平原上无所事事。否则我们很容易接受这样一个结论：这样的消极场面出现在雅典，而非马拉松。

如果正像我们已清楚知道的那样，盾牌信号的目的是通知希庇亚斯，雅典军队已向马拉松进发或者即刻出发，军队已经列队向马拉松平原挺进，已经进入波斯将领们的视野之内，那么，盾牌的信号就是多余的。而在米提亚德与他的将士们消极应战之时、在波斯人盼望的事实际发生之时，波斯的将领们依然拖延实施希庇亚斯与他的党羽的计划，这简直不可思议。

米提亚德终于率军出发了。波斯将军们过于谨慎的表现使希庇亚斯及其党羽甚为惊慌，他们内部一定产生了分裂，雅典军队出发数小时后波斯人的信号才出现。当白色盾牌终于在彭特利科斯山头映衬着蓝天熠熠闪光时，希罗多德告诉我们信号来得太晚了。希罗多德坦承他对这次扑朔迷离的事件知之甚少，只知道盾牌被举起了，但毫无目标。波斯人

---

① 卡利马乔斯也拼作 Callimachus，是古希腊在利比亚殖民地的本地人，诗人、批评家和古代亚历山大图书馆学者，对后期的古希腊文学史研究产生了重要影响。——译者注

的战舰已经起航,但不是从苏尼翁海角①驶向法勒朗平原,而是急忙从法勒朗平原逃离,他们已经从那里败下阵来。现在,我们眼前是这样一幅画面:长时间的纠结与恐惧后,雅典将军们终于决定勇敢行动,火速开往马拉松,火力十足,不仅完胜波斯人,而且挫败了希庇亚斯等昔日雅典的寡头们。雅典人一旦出城迎敌,便将怀疑与犹豫抛至脑后,他们在马拉松平原扎营很可能只比开战早了一夜,但左右了战争的命运。马拉松的地况极其简单。平原以东是拉姆纳斯海岬,以北和西北是绵延的帕尔梅斯山脉、彭特利科斯山脉和哈梅托斯山脊。这片广阔平原的两端都是沼泽,北面的沼泽常年四季无法通行,南面的沼泽小一些,但一到

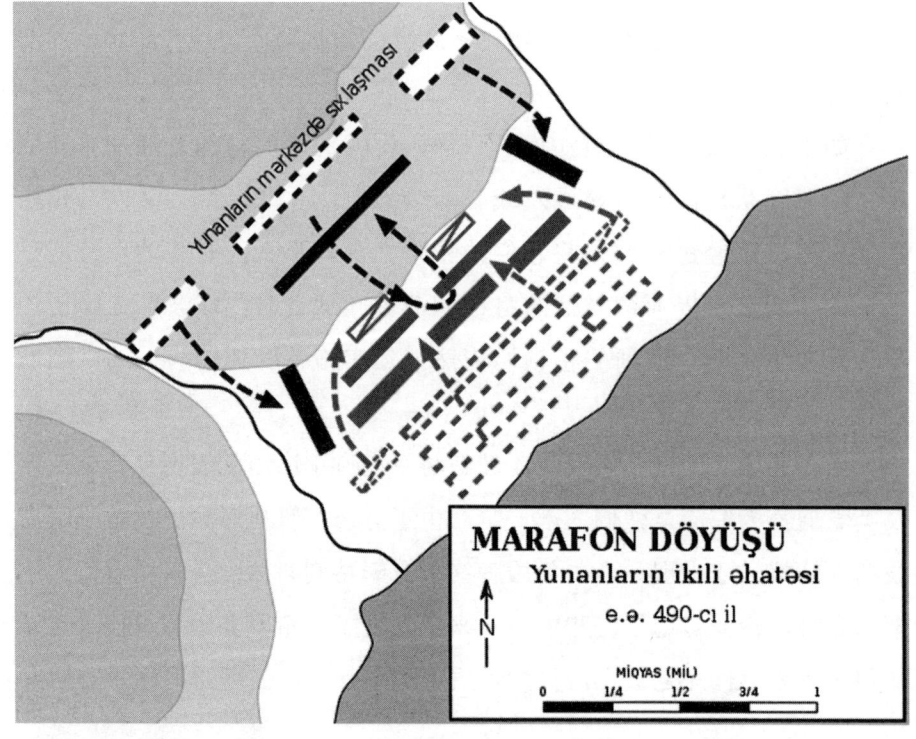

马拉松战役示意图

---

① 苏尼翁海角位于阿提卡半岛最南端,距离雅典四十三英里。苏尼翁以波塞冬神殿而闻名世界,是雅典黄金时代的主要建筑成就之一。——译者注

第 6 章　达蒂斯与阿特弗尼斯远征希腊

夏天便干涸无水。曾经有人提到马拉松平原的葡萄和橄榄，但眼下贫瘠荒芜的景象不由得使我们推断这些植物应该是生长在延伸至平原的山坡上，而非平原上。

在环绕马拉松平原的山地与那片坚硬的沙滩之间，雅典军队威不可挡，波斯军队则布阵于沙滩之上。希腊统帅卡利马乔斯率军向右翼出击，普拉提亚人驻守左翼。希腊人兵力不足，却需要排布一个能应付波斯大军的战线。镇守中部的希腊军队少而弱，两翼则相对较强。战争的号令终于吹响，雅典人开始向野蛮的波斯人进攻，双方军队的相隔距离长于一英里。波斯人见雅典人迎面而来便准备应战，但同时又想：雅典人一定是疯了，人数这么少，不带弓箭不骑战马，还这么气势汹汹。双方一靠近，战斗骤起，双方都憋了很久，杀气冲天，谁也无法预见这场厮杀的结果。在中部战场，波斯人和萨基亚人冲破了雅典人的防线，将他们赶回到平原上。但雅典人和普拉提亚人在两翼的作战占尽优势。他们很聪明，没有追赶溃败的波斯野蛮人，而是向突破中部战场的波斯军队围拢过去，激烈厮杀后迫使他们撤退。雅典人乘势大开杀戒，迫使波斯人退回海上，然后他们设法用火烧船，七艘波斯战舰被烧。波斯人筋疲力尽，乘着剩下的战舰逃到一个叫伊吉利亚的小岛上，然后带上他们来时囚禁在这里的埃雷特里亚俘虏，继续向苏尼翁海角周围行驶。波斯人希望希庇亚斯和他的党羽能在执行的计划中取胜，但他们的对手在精力和纪律上远远强过他们。雅典人从马拉松平原全速回撤，首先抵达雅典，挫败了希庇亚斯的图谋。这些剩下的波斯战舰在法勒朗不远处搁浅，之后便败回亚洲。

这场伟大的战役结束了，希腊人没有让外来的霸主给他们套上紧轭。爱奥尼亚人在暴动期间英勇制敌，敢于自我牺牲。但毫无疑问，吕底亚国王的统治虽不那么严酷，但也削弱了城市间的政治合作，这缘于他们古而有之的传统：互相妒忌、怀疑，甚至憎恨。在西面，斯巴达作

马拉松战役中雅典军与波斯军交战

长跑运动员菲迪皮茨以最快的速度将获胜的消息传到雅典

为城邦领袖，点燃了我们称之为国民性的情绪，算是有所作为。雅典梭伦与克里斯提尼的改革为雅典人带来了更大的变化，这是毫无担当理念的波斯王坚决反对的。雅典人在马拉松战役中的表现正是这种政治教育的结果，它不仅决定了眼下大流士一世的成败，也决定了接下来薛西斯一世的进犯。

在这场具有伟大历史意义的战役中，希腊军事统帅卡利马乔斯英勇战死，伟大的悲剧诗人埃斯库罗斯①也一战成名，他的哥哥基尼吉罗斯英勇异常，最后战死。据说，参加战斗的不只限于活着的雅典人，这片土地上那些逝去的古老英雄们也加入了战斗。从战争开始，每天夜里都

埃斯库罗斯

---

① 埃斯库罗斯也拼作 Aeschylus，是古希腊著名悲剧家，被称为"悲剧之父"。代表作有《被缚的普罗米修斯》《阿伽门农》等。曾经参加了反抗波斯侵略的战争，包括公元前 490 年的马拉松战役和十年后的萨拉米斯战役。——译者注

第6章 达蒂斯与阿特弗尼斯远征希腊

能听到幽灵马的嘶鸣和刀剑长矛的撞击声,这场古老而神秘的战争荡起的回音不绝于耳。农民们宁愿相信,出于好奇而出门查探的人将自取祸端,而戴蒙斯神[①]却并不降罪可能因意外而迟归的徒步旅人。

马拉松战役的结局显示,达蒂斯和阿特弗尼斯乘船离开,回到亚洲,他们将埃雷特里亚的奴隶们带到索萨。大流士一世憎恨这些埃雷特里亚人,照他的话说,是他们引发了这次错误的远征。不过他还是高抬贵手,让他们居住在自己的地盘上,即一个叫阿德里卡的地区,与基西亚人生活在同一个地方。据希罗多德讲,这些埃雷特里亚人一直在此居住,直到大流士一世下台,他们依然讲自己古老的语言。在亚历山大大帝旋风般横扫波斯帝国时,他们的子孙助了一臂之力。至于斯巴达人,他们在月圆之时急速起程,据说第三天他们就到了阿提卡,但还是为时已晚,马拉松战役已经结束。不过,斯巴达人还是到了马拉松,看望了米底亚人,赞扬了他们行动果敢,而后就回到了斯巴达。对波斯王大流士一世来说,这样的时机形同针刺。攻打撒尔迪斯时就吃尽了雅典人带来的苦头,现在,马拉松战役发生的一切在他身上燃起了更加剧烈的怒火,他征服希腊的欲望更加强烈。他派传令官直达各个城市,命令他们准备好一支军队,提供比以往更多的船、马匹和士兵。传令官四处传令时,波斯帝国撼动了整个亚洲,按希罗多德所说,整整三年。第四年,在冈比西斯二世时期沦为奴隶的埃及人奋起反抗,波斯王只好同时对抗埃及人与希腊人。大流士一世让自己的儿子薛西斯一世在他之后继任波斯王,自己则准备远征。但在埃及暴动后的次年,大流士一世就驾崩了。这样,他惩罚雅典人和埃及人的计划就落空了。

如果这些民间流传下来的说法与希罗多德的记述同样可信的话,那么其中很多说法是希罗多德绝对不愿意接受的。有传言将发盾牌信号的过错归咎于埃尔克梅尼德家族的人,他们在米提亚德率领雅典军队

[①] 戴蒙斯,小神或导灵,古希腊宗教、神话及后来希腊哲学中所指的保护神。——译者注

进军马拉松平原的时候却举起盾牌将苏尼翁附近的波斯人引向法勒朗。这种指控证实了那个广泛散布的迷信说法：埃尔克梅尼德家族由于参与镇压在基伦发动的阴谋而受到永世的诅咒和诬蔑。但希罗多德却明显蔑视这种传言，他坚决认为无论那些镇压基伦的人有什么过错，雅典人能适时出现在马拉松平原，的确应该归功于埃尔克梅尼德家族。雅典人的计策并非毫无破绽，但他们还是驱逐了庇西特拉图王朝的暴君。他们也应该感激克里斯提尼，没有他的政治改革，雅典人的个性永远不会转变，也就难以对希庇亚斯的图谋筑起意想不到和不可逾越的障碍。至于哈默迪丝和亚里士托吉坦的可悲阴谋，希罗多德对此充满鄙视，在他看来，他俩只是成功激怒了希帕克斯的那些幸存的亲戚。而埃尔克梅尼德家族的人自始至终都没有表现出人们受到侮辱与冒犯时奋起反抗的精神，而是表现出一种爱国精神。希罗多德将这种爱国精神比作卡利亚斯精神，卡利亚斯曾在拍卖会上斗胆买下了希庇亚斯被放逐后留下的财产。

对米提亚德而言，这场为他带来不朽功名的战争同时也为他开启了一扇通向悲惨灾难的大门。他降服利姆诺斯时就已声名鹊起，此次马拉松战役的胜利更使他名声大噪，还从来没有哪个人能将所有雅典人的目光集中在他身上。他趁机利用雅典人被鼓动起来的信心谋求新的事业，相信这种信心能使雅典人永远富有。他不愿过多解释自己的事业，也不许人们质疑他要将他们带往何处，他们只管造好船、训练好军队就行了。雅典人为此做好了准备，于是米提亚德率军驶向纳克索斯岛以西几英里的帕罗岛，包围了帕罗城，让他们缴贡一百塔兰特，扬言如果他们不从就摧毁这座城市。雅典人声称此次进攻帕罗城是因为他们在马拉松战役中背叛了雅典，为波斯人提供了一艘船。但在希罗多德看来，米提亚德这是公报私仇。受自己怨恨的驱使，米提亚德报复一个曾经在波斯将军面前诋毁他的帕罗人。也许米提亚德的怨恨并不那么强烈，也许他在马

第6章　达蒂斯与阿特弗尼斯远征希腊

拉松战役功成名就之后再回过头来看这件事时充满了骄傲和满足。但正像十年后蒂米斯托克利基于类似的动机来到安德罗斯岛[①]一样，帕罗人无力纳贡，就找各种借口推脱，同时每到夜晚就加紧修筑城墙。城墙终于被修筑得牢不可破，足以抵挡米提亚德。此次围攻无果而终，包围帕罗城二十六天后，米提亚德被迫带着他的舰队回到了雅典。米提亚德不仅没有实现既定目标，还严重扭伤了大腿[②]。希罗多德认为是帕罗人致其受伤。事情是这样的：米提亚德因长时间包围帕罗城而心生困惑，于是与女祭司蒂莫立下一个密约，只要他听从蒂莫的劝告，这位女祭司就保证他成功。为了和蒂莫商谈，他到帕罗城前面的一座山上去见她，但他打不开进山的大门，就翻过另一位女祭司戴莫蒂的树篱上山。但到了山上神殿的几扇门前时，他突然惊恐不已，急忙后退，从石头围墙往下跳的时候伤了大腿。帕罗人想要处死蒂莫以示惩罚，但首先要处罚德尔斐神。蒂莫说自己只是命运之神手中的一个仆从，奉命将米提亚德拖至厄运边缘。帕罗人因此饶了蒂莫一命，放走了她，而雅典人也不同情米提亚德。

米提亚德一回到雅典便引起一阵愤怒的浪潮，人们说他是骗子。这种愤怒情绪在伯里克利的父亲克山提波斯那里得到了回应，他控诉米提亚德，要求判他死刑。米提亚德躺在床板上被抬到了法官们的面前，由于伤口生疽不能自辩，他的朋友们竭力为他辩护，尽力为他找到最好的理由，但误导国民这条控诉是不能被直接驳回的。在雅典公民的民主法庭面前，米提亚德的朋友们没有勇气说出心里话：在被误导的情况下，人民担有更大的罪责。然而，如果不能避免不利的判决，按照雅典人的惯例，罪责就不能减轻。于是有人劝说米提亚德缴纳足够本次远征费用的五十塔兰特的罚金以抵消对他的死刑惩罚，法庭采用了这种判决。如

[①] 安德罗斯岛，希腊岛屿，位于尤碧耶海东南部。——译者注
[②] 一说是膝盖。——原注

果米提亚德能像九十年之后的苏格拉底一样，坚持他对国家的服务应该得到补偿，使他有生之年享有公民政府的公共保障，那么，他的儿子基蒙就不至于变得太穷了。他的大腿或膝盖的伤势恶化，致使他数小时或几天后去世，他的儿子本可以因此避免雅典人压在他身上的重负。米提亚德很不体面地死了，他想让雅典人致富，他们的确因从他的一大半家产富了起来，这可是他竭力从帕罗人手中夺来的。似乎没有足够的证据显示米提亚德遭到入狱的羞辱，地理学家和古物专家帕萨尼亚斯的话也许证实了这种观点。他的骨灰被安放在那座能唤起马拉松记忆的坟墓里。

对这位卓越人物奇怪的结局已有很多描述，但雅典人对这位统帅的欺骗行为进行的指控引发了争辩，这种指控的背后指向了那些抨击他的轻浮的雅典公民。这样一场指控深受那些排斥任何形式的民主政府的人欢迎。我们的天性总是趋于对同情反抗公民大众的个体，这种天性如此强烈，让我们很容易忘记，甚至最杰出的公民服务也不应该成为违法的特权。一个因战争智慧和战争胜利而蜚声八方的领袖不应仰仗其赫赫声誉而声称享有违背信诺却不受惩罚的特权。另外，通常意义下的变化无常和得鱼忘筌不应被视为民主的特殊罪过，尤其针对雅典民主而言。一个民主社会中，个人的影响力一旦形成便很难撼动，信任一经赋予，即便在无能与过失的铁证面前也不会改变。但同样是在民主社会中，一旦被允许改变观点，就必须自由而坦诚地表达出来，而这种表达方式极易引起激烈甚至愤怒的情绪。这种情绪一旦被激发起来，愤怒的语言便可能被看成是得鱼忘筌的结果，尤其对一个功勋卓越、声名显赫的人。我们不能说民主社会中的冤屈和不公就比其他社会中的冤屈和不公更频繁或更有害。

尽管可能遭到反驳，但我们不可能忽视雅典人身上的一种倾向：对

米提亚德之死

自身难辞其咎的后果不愿反思，逃避责任。锡拉丘兹①远征彻底失败后，他们控告那些力劝此次远征的演说家们。七年之后，他们又以一票之差处死了打败阿津诺塞人的那些将军们，之后又颁布政令审判那些巧设圈套使这项判决得以通过的人。不过，以上事件中他们的确在为自己的决定和行动追责，给出了在他们看来深思熟虑和庄严的制裁。

统治者总是饱含希望、热情满满地带领国民盲目投入一些他本不彻底了解，显然也不可能左右结果的各种谋划中。毫无疑问，这样的领袖一旦出现，无论他多么杰出，结局总会意想不到。任何国家或国民都不可能做到任何情况下都能正当地把国家的力量用于那些他们并不熟悉的事业当中。如果国家或国民出于高尚的情操或无畏的勇气而对这样的谋划行为进行制裁，责任就应从谋划的制定者转向实施者。至少在这个意义上，他们不可能在失败的情况下公正地追诉谋划者的刑事责任。对谋划者而言，丢掉公职以及因国民的愤怒和鄙视而遭受的羞辱也许不算是一种严肃的惩罚。对于那些出身于官宦世家的审判官来说，更严厉的判决显然需要更清明的手段。借口雅典的政体那时仍处于初始期，尤其需要防范那些利于重建暴政的倾向，这样的说辞没有太大的说服力。这几乎不可能是当时雅典人的真实感受，这也不是在讨好那些在雅典梭伦宪政下生活了二十年的人们，这样的宪政一直延续到克里斯提尼改革。

也许希腊的主要城邦不能忍受心智健全的繁荣，正是由于这种倾向，成功的领袖极易成为国家中最危险的人物，但即便如此也不能摆脱解决问题的责任。米提亚德也许因自己的光环而腐化，但基本的羞耻感本应扼住雅典人伸向他们统帅的手。他们没有阻止自己统帅的愚蠢行为，也没有质疑他的忠诚。我们一定还会注意到，雅典人所谓的无知倒像是

---

① 锡拉丘兹也拼作 Syracuse，是意大利西西里岛上的历史名城，数学家、工程学家阿基米德的出生地，岛上有丰富的希腊历史、文化和建筑。城市具有两千七百年历史，由科林斯人和泰纳斯人建成，曾与斯巴达、科林斯结盟。——译者注

第6章 达蒂斯与阿特弗尼斯远征希腊

掩盖他们愚蠢行动的一层面纱,他们倾向于将失败看成是丢脸的事。在远征帕罗岛的谋划中他们是米提亚德的帮凶而非受骗者,他们对帕罗岛民的袭击彻底失败,败军之将米提亚德也因此丧命。而十年之后蒂米斯托克利的一次类似谋划却为他戴上了巨大的胜利王冠,被看成是为了即将实现的广阔雅典帝国的最忠实行为。无论从他们的轻率信任中,还是从他们对战败统帅的愤怒中,我们都能看出,罪恶的根源在于雅典政体本身,也许在于一切形式的政权体制当中,无论过去还是现在,世界依然继续。

反抗专制政治,甚或反对寡头政治针对的是主要或完全为统治阶级利用的国家机器,换句话说,针对的是将政权看作和用作特权而非责任的统治者。但这种错误绝不仅仅局限于专制或贵族制度:即使在给予全体人民政治权力的情况下,也会看到同样的结果。尽管每个人都可以投票,腐败依然会继续,因为大多数人都会处心积虑地扩大自身,而非邻人的利益。如果"全体公民"这个术语是我们现在通常所赋予的含义,在雅典,从来就没有对全体公民赋予权利。广为人知的梅蒂基人是一个人数众多的外来居民群体,他们就不在公民之列,奴隶当然也不能算公民。因此,每一次政治变革,每一次军事远征都只牵涉到戴默斯阶层[①]与统治阶级的利益,与广大的阿提卡居民没有关系。这样说来,无能和腐败是民主的结果,某种意义上是这样的,无能和腐败也会是所有其他政治形式的结果。除非权力完全被视为责任而非特权,否则真正无私的统治不会存在,也只有少数几个孤立的政治家将此视作制约动机。公平治国理念的最初结果是信念的成长,我们仔细观察就会明白,如果不能扩大所有土地上各个阶层的利益,国家的事业就不会有保障。雅典人听从米提亚德的盲目热情只能证明自私自利的贪婪行为尚未遇到基于国家

---

① 即公民阶层。——原注

整体利益的无私奉献精神的抵触。雅典人过度信赖他们的统帅米提亚德，忽视了对当权者政策的监察义务，雅典人有必要以国家的信誉和权力来保障这些政策的实施。

第 7 章
薛西斯一世入侵希腊

精彩看点

薛西斯一世远征——备战欧洲——薛西斯一世从索萨向撒尔迪斯进发——达达尼尔大桥——薛西斯一世奔赴撒尔迪斯——横渡达达尼尔海峡——薛西斯一世在多锐斯克斯清点军队——波斯王对话斯巴达王——波斯人进军瑟迈——波斯战舰抵临迈格尼夏海岸——雅典海军的发展——雅典的财富增长——科林斯大会（前480年）——德尔斐神谕——阿尔戈斯人、科尔基拉人和西西里人的中立和漠然——坦佩关隘——希腊统帅列奥尼达一世攻占瑟莫皮莱——瑟莫皮莱冲突的意义——迈格尼夏海岸风暴重挫波斯舰队——征战瑟莫皮莱——瑟莫皮莱战争中传统历史的价值——阿尔忒弥斯的希腊战舰——波斯舰队抵达阿菲提——希腊舰队决胜阿尔忒弥斯——第二次阿尔忒弥斯海战——希腊人的胜利和撤退——希腊舰队抵达萨拉米斯——雅典人退至阿尔戈利斯、埃吉那和萨拉米斯——薛西斯一世胜利与佛卡亚劫掠——进攻德尔斐的逸闻传说——薛西斯一世占领雅典——伯罗奔尼撒人决定撤退——蒂米斯托克利反对盟军撤退——蒂米斯托克利致信薛西斯一世——萨拉米斯海战——薛西斯一世决定撤军——马多尼奥斯终结波斯侵略——阿尔特米西亚一世——希腊人放弃追赶波斯战舰——薛西斯一世撤退——阿尔塔巴努斯在乔基迪克的军事行动——阿尔塔巴努斯攻占奥林索斯、封锁波蒂戴阿——希腊盟军在安德罗斯岛等地强征税款——斯巴达人敬仰蒂米斯托克利

让我们走进那段历史，那段整体图景足够清晰的历史，那段希罗多德视为壮观史诗的历史，那段薛西斯一世与西部希腊人之间战火熊燃的历史。从希罗多德自始至终的叙述中，我们都能捕捉到一种种族或宗教意图，这种意图高于政治，甚至无视政治事业与政治动机。为了少些虚假多些真实，他们用掠夺代替诉求，这是一副典型的神话时代的做派。毫无疑问，民族斗争具有历史意义，会因一些虚构的战斗、塑造的英雄而变得栩栩如生。在一连串发生的事件中，每一个步骤，每一次转折都明显具有先兆、奇迹，甚或神灵或英雄的干预。为数不少的故事中，一股轻信之风肆意蔓延，甚至达到了虚构的地步，呈现出一幅力量神奇、图景奇美的历史画卷。希罗多德尽心竭力追踪这些历史线索时定是如实描绘了这些图景，也许这些历史线索时而脆弱，时而断开，却如实呈现出了这场伟大战争中各个事件的真实轨迹。

　　按照希罗多德的叙述，薛西斯一世起初并没有实施他父亲的宏图伟业的意愿，没有进攻西部希腊人的打算。两年的备战似乎没有迹象显示要入侵欧洲，而是要重新征服埃及。备战一结束，薛西斯一世率领军队踏入那片他倾心不已的土地，他把冈比西斯二世为埃及锻造的脚镣铆得更紧了，随后又将埃及置于他哥哥阿切米尼斯①的统治之下。薛西斯一世动身远征埃及之前、大流士一世统治时期、马其顿战争失败之后便不知去向的马多尼奥斯力劝他完成惩罚雅典这一至高无上的使命，鼓动他拓疆欧洲，因为那里景美土肥、资源丰富，应为波斯王独享。据说，马多尼奥斯的动机是想为自己谋得欧洲总督的职位，但又不想让别人来戳穿他。但来自阿卢阿戴家族②的塞萨利酋长们大义灭亲，出手相助，反抗他们的族亲马多尼奥斯。庇西特拉图王朝依然急切地谋划着霸业。尽管事实并不确凿，而希庇亚斯可能已经从马拉松战役败下阵来，但由一位预言散布者供养的他的那些孩子们力促薛西斯一世召开一次王族大

薛西斯一世

---

① 阿切米尼斯，大流士一世的儿子，薛西斯一世的哥哥。古埃及第二十七王朝时期，波斯攻打埃及，阿切米尼斯被任命为埃及总督。——译者注
② 阿卢阿戴家族，塞萨利地区的望族，自称是传说中的国王阿留斯的后代。——译者注

第7章 薛西斯一世入侵希腊

会。据说，这次集会上薛西斯一世提醒与会者，只有进攻，波斯才能立于不败之地。他坚持说欧洲没有哪个部落或民族可以和希腊民族抗衡，他们意志坚强、才思敏捷、资源齐备，如果征服了希腊人，就没有谁能阻挡他们胜利的进程，直到波斯帝国的疆域像天空一样广阔，无边无际。薛西斯一世演讲中流露出的意愿似乎毫无商量的余地，但据说马多尼奥斯却将此次演讲看作是对各路酋长发出的各抒己见的邀请，并据此判断薛西斯一世是在承认自己的懦弱。薛西斯一世完全可以自信，还没有哪个民族像希腊人一样刻意邀请他人来攻击自己的民族。他们不讲合作，除了为那几片富饶的土地争来争去，他们的人生毫无目的，波斯舰队一到他们就会纷纷投降。马多尼奥斯的那次演讲归于沉寂，无人响应，直到波斯人打破沉默。大流士一世的哥哥、薛西斯一世的叔叔阿尔塔巴努斯告诫自己的军队小心行事。他说，每一片森林都富有警示意义，砍树不能噼里啪啦，要干净利落或连根拔起，不得砍伐小树苗。阿尔塔巴努斯刚刚安顿下来，薛西斯一世就宣称要惩罚他，说他胆小怕事，只知道躲在索萨的温柔乡里抱孩子。然而，薛西斯一世的语言胜过他的意志，王族大会结束的那天晚上，梦神来拜访他了。他梦见自己到了《伊利亚特》中的希腊统帅阿伽门农①那里，站在他的床榻旁，警告他如果放弃他执着的事业就会面临危险。但正像《伊利亚特》中阿伽门农下达了与宙斯②给予的劝说相反的命令一样，薛西斯一世告诫他的王亲贵族安静地待在家里，因为他决意放弃入侵希腊了。梦神又来拜访他了，警告他如果对抗神的意志，他的荣耀将不复存在。薛西斯一世满心狐疑，就祈求阿尔塔巴努斯戴上他的王冠，穿上他的王袍，躺在他的床榻上，心想如果梦神真的可信，他就会来到床榻的所有者身边，无论他是谁。于是

---

① 阿伽门农，希腊神话中迈锡尼国王之子，因为想称霸爱琴海，便借故他的弟弟墨涅拉俄斯的妻子海伦被特洛伊王子帕里斯拐走，挑起了特洛伊战争。在战争中，他成为希腊联合远征军的统帅。——译者注
② 宙斯，希腊神话中的天空与雷鸣之神，是奥林匹斯山上的众神之首。——译者注

阿伽门农

薛西斯一世这位年迈的叔叔躺在床榻上,向他的侄子保证梦只是反映白天的所思所想,决心用梦境来补充自己白天所说的观点,并以双倍的热情执行国王的意愿。梦神靠近了他,手里拿着烧红了的烙铁,显然是要烧焦他的眼睛,梦神的动作实在吓人,这位老者怕是不会用他给薛西斯一世解释的那套理论来解释自己的梦了!

　　希罗多德所说的魔鬼的冲动驱使薛西斯一世达到了毫不退缩的临界点,所有波斯帝国的人力、财力和物力全都用在一个至高无上的目标上。现在波斯帝国的版图已从居鲁士二世时期扩张的东部边界延伸到尼罗河大瀑布和爱琴海沿岸及周围各个岛屿。迈格比佐斯和马多尼奥斯主导的战场节节胜利,征服了许多色雷斯和马其顿部落。在塞萨利全境,波斯

第7章　薛西斯一世入侵希腊

将军们斗志昂扬，为波斯王竭尽全力，而希腊境内的一些城邦国家同样渴望臣服于波斯帝国。波斯人以马拉松灾难告终的那次达蒂斯远征严格意义上说只是一场海上进攻，而此次薛西斯一世的谋划却是率领庞大的陆军从陆路向希腊全面进攻，他的舰队比波斯远征达蒂斯时强大得多，但这次只是从海上辅助陆路进攻。跨越博斯普罗斯河与斯特里蒙河的陆军通道也已架好木桥，为避免马多尼奥斯率领的舰队遭遇灾难性打击，薛西斯一世下令将阿陀斯山变成一个岛屿，这样舰队就可以避免山脚下锐利的岩石。

终于，薛西斯一世从索萨的一条小河出发了，这条河不断加宽。一些城邦国家的军队自发在卡帕多基亚①地区的柯里塔勒集合，他们渡过哈吕斯河，朝塞勒纳进发。在这里皮西厄斯曾经将金子铸成的一棵梧桐树和一棵葡萄树赠予了大流士一世，这次他同样隆重欢迎波斯军队，薛西斯一世又惊又喜。论宽宏大量，无人能及薛西斯一世，皮西厄斯得意扬扬。但第二年春天薛西斯一世从撒尔迪斯出发时出现了日食。这位富有的弗里吉亚人吓坏了，他恳求薛西斯一世准许他和五个儿子中的一个留在家里，这自然遭到波斯王的严厉斥责。让一个不畏远途劳顿，亲自率军来攻打希腊的波斯王为一个奴隶赦免军队劳役，皮西厄斯竟敢如此傲慢无礼！看在他之前慷慨解囊的份上，皮西厄斯和他的四个儿子保住了性命，但他欲留在家中的那个儿子的四肢则要被挂在军队经过的道路两边，以示惩戒。

一到撒尔迪斯，薛西斯一世便将信使派往希腊各个城市，但雅典与斯巴达除外。波斯人并非第一次这样做，其中的理由已在本书第六章提到过。当时的马多尼奥斯到达达达尼尔海峡后并没有急于报复雅典人，而是首先铲除了爱奥尼亚各城市的暴君并在那里建立民主社会。这次，薛西斯一世进入欧洲之前，得先在达达尼尔海峡付出沉重代价。在将船

---

① 卡帕多基亚也拼作 Cappadocia，是小亚细亚半岛中部的一个地区。——译者注

连在一起做桥①用时，腓尼基人用了麻绳，埃及人却用了纸莎草纤维编织的绳子，一场暴风雨使他们前功尽弃。薛西斯一世下令处死那些桥梁技师，判决抽打达达尼尔海峡三百鞭，并令士兵们抽打海水，以此昭示，无论达达尼尔海峡如何发难，波斯王都决意要穿过它。薛西斯一世的命令得到执行，但他变得更加谨慎，以确保新建的船桥更加稳固。然而，

薛西斯一世宣布抽达达尼尔海峡三百鞭

① 即船桥。——原注

第 7 章　薛西斯一世入侵希腊

尤为重要的一点是，在西部希腊人看来，薛西斯一世是第一个试图完成这项任务的人。之前大流士一世所建的船桥似乎已经消失在迷雾中，掩盖了他在塞西亚人土地上的恶行。

薛西斯一世奔赴撒尔迪斯，途中向我们展示出了一系列令人印象深刻的画面：辎重、车辆首先驶过两边挂着皮西厄斯儿子四肢的道路，之后是各个附庸国派出的军队，占到参加此次波斯远征的附庸国军力的一半，十分混乱。一段间距之后，是一千名精选波斯骑兵和一千名投矛手，后面跟着来自尼萨的米底亚平原的十匹神马，之后是凡人不可踩踏的宙斯战车。战车的马缰由走在两侧的战车驭手把持，后面的一辆车由产自尼萨的骏马拉着，上面正是波斯王薛西斯一世，车后簇拥着上千名波斯王公贵族，后面又是一千名骑兵，一万名精良步兵紧随其后，他们手中的

波斯骑兵和标枪手

长矛顶端插着金色或银色的苹果或石榴,最后是数不清的装甲骑兵,同样的一段间距之后是剩下的另一半附庸国派来的乌合之众。波斯大军沿着艾达山左侧行进,穿过伊利安平原,在巍峨的别迦摩山上,薛西斯一世举行了隆重的祭拜仪式。终于到达了阿比多斯古城。薛西斯一世立刻兴奋起来,登上自己下令建成的白色大理石御座,居高临下,他的舰队正在进行模拟演练,西顿人一方获胜。薛西斯一世眺望他召集起来的浩浩大军,宣称他是最幸福的人,但接着又哭了起来。阿尔塔巴努斯问他何故哭泣,这位波斯王承认他想到了死亡,想到一百年后这支伟大的军队将无一人存活,他顿时眼里充满泪水。阿尔塔巴努斯回应道:"不!还有比死亡更悲伤的事,我们遭受的悲痛和疾病会使我们短暂的生命变得尤其漫长,相较于种种苦痛,死亡是最好的避难所。"薛西斯一世接

装备弓箭的波斯近距格斗士兵

第7章 薛西斯一世入侵希腊

着说道:"我们不谈这些了,正如你所说,我们现在处境多好,正干大事,不该胡思乱想。不过,你告诉我,上次你睡在我的床榻上,假如没有清楚地看到梦神,你还会坚持你那套说教吗?说实话!"阿尔塔巴努斯只能说,一切都会如波斯王所愿的,但又补充道:"但我依然心存忧虑,因为我看到两种强大的东西在与陛下作对。"薛西斯一世追问道:"此话怎讲?是希腊军队的数量比我们多,还是我们的战舰比他们少?如果是这样,我们会很快再招来一些军队。"阿尔塔巴努斯答道:"都不是。如果壮大我们的军队,这两种东西的力量就会更强大,我说的是陆地和海洋。海上无港口,万一遇到暴风雨,战舰无处躲避,陆地上的条件同样不利。即便没有什么能阻挡陛下,我们越往前走,就越艰难,因为我们的士兵从来不满足已有的好运气,如此漫长的行军终会引发饥荒。""道理虽好,可于事无补啊!如果我们遇到机会便犹豫不决,那就什么事也别干啦!大胆做事总比怕事躲灾好,即便有可能会遭受不幸,还有一半成功的机会。"阿尔塔巴努斯不以为然,恳求波斯王无论如何也不要雇佣爱奥尼亚人去对付他们的亚洲同族希腊人。他继续争辩道:"假如征召他们来服役,只会有两种可能,要么大逆不道奴役自己的族人,要么主持公道放走自己的族亲。如果是前者,我们也捞不到什么好处,但如果是后者,我们的损失会很大。"薛西斯一世宁愿相信是阿尔塔巴努斯受到蒙蔽,毕竟在塞西亚远征中大流士一世的生命,甚至他的帝国的救赎都得归功于其时在多瑙河桥边守护船桥的爱奥尼亚人。以此做保证,薛西斯一世派阿尔塔巴努斯到索萨征兵。

第二天,太阳刚露头,薛西斯一世就将一杯祭酒撒入达达尼尔海峡,同祭司一同迎拜日神,决心不畏苦难艰险确保本次远征万无一失,直到征服整个欧洲。横跨海峡两岸的一道道船桥上升起一股股四溢的乳香青烟,桥上铺满了香桃木树枝,薛西斯一世穿着那双标志他离开撒尔迪斯的靴从亚洲踏入了欧洲。然而,足够的特殊迹象表明这位神一样的人物正在走向毁灭。一头母驴生下了一只野兔,希罗多德相信这明显是在预示这场开始信心百倍的远征将以灾难和耻辱告终。

薛西斯一世对即将到来的灾难毫无察觉。波斯舰队从阿比多斯向西进发。与此同时,地面军队向东进发,他们从右边经过一座少女的坟墓,达达尼尔海峡正是以她的名字命名的。他们最终到了多锐斯克斯①。这里平原广阔,黑布勒斯河穿行其中流入达达尼尔海峡。薛西斯一世清点军队人数,他把一万名士兵集中到尽可能小的空间,然后将这个空间围起来,让士兵挤到一起,一轮一轮地清点,最终发现单是步兵人数就达一百七十万人。如此庞大的数量,如此强大的军队,就算得知清点的人数是一千七百万,我们大概也不会惊讶,但看到波斯战舰的数量不是五百艘或一千艘,而是一千二百零七艘时,我们还是感到震惊,不仅希罗多德的著述中有此记载,埃斯库罗斯伟大的戏剧中也有关于波斯军人

波斯军中的盾牌兵

---

① 多锐斯克斯,爱琴海北岸古希腊色雷斯人的居住地。波斯第二次进犯希腊后,多锐斯克斯落入波斯人手中,被认为是波斯在欧洲最后的根据地。——译者注

第7章 薛西斯一世入侵希腊

数量的记载。希罗多德熟知那部戏剧，这一点大概没人怀疑，但毫无疑问，埃斯库罗斯相信，甚至断言波斯战舰的数量不是一千二百零七艘，而是一千艘。他的确补充提到那二百零七艘以快速航行著称的战舰，但他确实没有说这二百零七艘在那一千艘之外。即便如此，埃斯库罗斯得出这个数字的依据与希罗多德得出数据的理由还是不同。除爱琴海岛民提供的十七艘船以外，其他统计的数字没有一个是单数，腓尼基人造了三百艘，埃及人二百艘，基利吉亚人一百艘，黑海沿岸的城市一百艘，帕姆菲利亚人①三十艘，利基人五十艘，凯普里亚人一百五十艘，卡里亚人七十艘。但如果按照埃斯库罗斯所说，那一千艘战舰基本上都是雅典人所造，那么，考虑到可能有人会误解埃斯库罗斯总结那些数字时的表述，进而理出一些能得出理想化结果的依据，而后希罗多德就将这些依据写成了历史，对此我们并不吃惊。然而，更可能是一份伪造的名单里提供了一些清楚的依据。毋庸置疑，除了爱琴海岛民提供的那十七艘战舰外，西部希腊无人不晓的波斯舰队就是由他们那些生活在亚洲②的

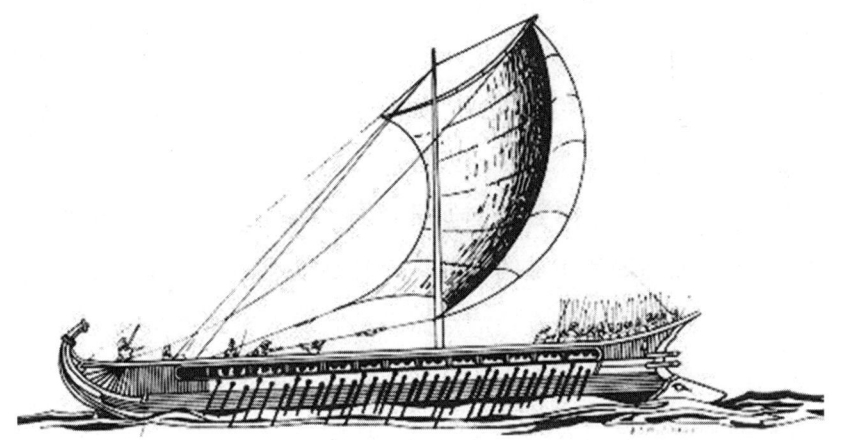

帕姆菲利亚人的战舰

---

① 帕姆菲利亚人，小亚细亚南岸的古希腊部落。——译者注
② 指东部希腊人。——原注

同族宗亲一手打造起来的。巨大的压力基于这样一个事实：东部希腊人和爱琴海岛民提供的战舰总计达二百零七艘。埃斯库罗斯认为这些战舰是薛西斯一世船队中最快的：爱奥尼亚人一百艘，艾厄勒斯人六十艘，多里安人三十艘，外加爱琴海岛民的十七艘。这很可能是埃斯库罗斯唯一会自称有直接信息来源的战舰。埃斯库罗斯对战舰数字的陈述似乎在引导我们得出这样的结论：这段历史依据被融进这个虚假的战舰总数当中，从那个隐含的事实中我们可以嗅出希腊人某种程度上的骄傲，即波斯舰队中的希腊战舰在速度上远远超过腓尼基人的战舰。尽管这二百零七艘战舰有据可依，但显然，在埃斯库罗斯的戏剧里包括这二百零七艘的那一千艘战舰构成了在萨拉米斯作战的波斯舰队。而在希罗多德看来，这恰恰是薛西斯一世在多锐斯克斯清点的陆军数量之外的战舰总数。这期间，希罗多德坚信损失战舰六百四十七艘，仅缴获一百二十艘，这样看来，一千艘这个数字只是东方人完美理念的体现。之后，我们知道薛西斯一世统帅五百二十八万陆军远至瑟莫皮莱，其中还有众多妇女。这些数据足以说明，波斯王薛西斯一世所到之处都给人留下了难以抗拒的印象。伟大的历史学家修昔底德承认，尽管他本人是见证者，但他无法确定参加曼提尼亚[①]战役的人数。如此说来，如果我们相信薛西斯一世在多锐斯克斯清点的波斯军队的人数，倒是一件很奇怪的事！

事实上，尽管希罗多德深信他讲到的波斯数百万大军是事实，但他深藏着一个更加高尚和庄重的目标，而且是以独特的叙事方式呈现出来的。薛西斯一世在多锐斯克斯清点军队后就派人去请德马拉托斯——那位斯巴达的流放君主。薛西斯一世问他希腊人是否敢于抵抗波斯大军，这位昔日的独裁者反问波斯王爱听美言还是实话。薛西斯一世答应不会伤害他，德马拉托斯这才说道，希腊人能远离贫困和暴政是因为他们勇

---

① 曼提尼亚，古希腊历史上阿卡迪亚地区的一个城市，这里曾发生过两次重要战役，即第一次和第二次曼提尼亚战役。——译者注

第7章 薛西斯一世入侵希腊

敢，而希腊人的勇敢来自他们的智慧和强大的法律，即使不考虑其他因素，希腊人也会与波斯军战斗到底，哪怕他们剩下不到一千人。薛西斯一世大笑道："什么？一千人还敢来以卵击石？你曾是他们的王，你告诉我，你会带着十个人决战到底吗？你该明白，就算是一万人，甚至五万人，他们自由散漫，没有统帅指挥，如何能抵挡像我这样的统帅？要是后面被皮鞭赶着，希腊人也许能抵抗人数比他们多的对手，但现在别跟我谈什么自由，希腊人什么也做不到，即使他们和我们人数相当，他们也未必能击退我们，我们的长矛军能以一敌三，你是无知才说出这样的蠢话！"德马拉托斯坦诚而简洁地表达了他的看法，说真相未必容易被接受。他提醒波斯王薛西斯一世注意希腊人曾经剥夺了他的荣耀和尊严，曾经将他驱赶到一个多么陌生的地方，希腊士兵的品质他再夸赞也不为过。"我的确不能说我可以带着十个人，甚至两个人应战，我没有带着一个人都可以应战的意志力。单个的斯巴达人和别人没什么两样，但凝聚在一起，他们就是世界上最强大的，因为，虽然他们是自由的，但他们并不缺统帅，他们的统帅就是法律，他们敬畏法律胜过您的臣民敬畏您。无论法律命令他们做什么，法律都在下同样一个命令，法律命令他们永远不要从敌人面前逃跑,而要坚守阵地,或赢或死！"

两个君主之间的这场对话的价值完

希腊军中的长矛兵

全在于对话所揭示的真理。对话强化了敬畏原则和自愿服从原则之间的差别，真理的深刻性就在于依赖于鞭打的残暴力量在与道德本能驱动下的理智发生冲突时会毫无可信度。少数人当权的暴政就如同拿破仑的所作所为一样，即便拿破仑也清楚仅有人数和武器没什么用，激发起士兵们的高涨热情才是关键。他赢得权力很大程度上要归因于他巧舌如簧、能言善辩，具有激发士兵激情的天生能力。薛西斯一世与德马拉托斯对话的意义在于，即便像拿破仑一样善于欺骗，波斯暴君也不可能称雄，不可能的！即便不是大流士一世，居鲁士二世也早已警示薛西斯一世波斯帝国的根基并非是由那些被皮鞭驱至战场的士兵所奠定的，这位波斯王犯了东方君主极易犯下的错误，将征服本能驱动的刚毅勇士的力量与懒惰狡诈的乌合之众的力量混淆在一起。

  波斯陆军从多锐斯克斯起程，路上几乎很顺利，除山区里的一些色雷斯氏族外少有犯乱。他们来到斯特里蒙河畔的伊昂①，伊昂当时在波斯总督博吉斯的统治之下，很可能是迈格比佐斯授意他留在那里的。斯特里蒙河上架起了桥，陆军穿桥而过。为图好运，薛西斯一世活埋了从乡下掳来的少男少女各八人，然后才离开"九条路"，即未来的安菲波利斯住址。终于，波斯军队穿过埃基多勒斯河孕育的广阔土地，来到了由瑟迈②延伸至阿利阿克蒙河③两岸的一片陆地休整。薛西斯一世从瑟迈向西边和南边眺望，目光落在了远处绵延的山脉上。奥林匹斯山和奥萨山的山顶高耸，沛尼厄斯河从两山之间的峡谷流出，而后汇入大海。

---

① 伊昂，古希腊马其顿地区埃雷特里亚人的殖民地，坐落在斯特里蒙河口，在伯罗奔尼撒战争中是雅典人的战略要地。——译者注
② 瑟迈，公元前7世纪科林斯人或埃雷特里亚人建造的城市，后来并入马其顿，位于爱琴海东北部的瑟迈湾。——译者注
③ 阿利阿克蒙河，希腊境内最长的河流，全长一百八十五英里，流经西马其顿和中马其顿在希腊境内的地区。——译者注

第 7 章　薛西斯一世入侵希腊

这个叫皮立翁的峡谷沿海岸延伸，薛西斯一世很快将会在这里感受到无形之神的愤怒。薛西斯一世好奇地注视着沿海两岸耸起的威武岩石，据说他曾问旁边的随从，是否可以像居鲁士二世报复金德斯河一样对待沛尼厄斯河。在那些向薛西斯一世献出土地与河流的部落中，塞萨利的阿卢阿戴部落酋长们的热切尤其引人注目。薛西斯一世明白了一个事实：他们居住的地方地势低洼，若将其中的河口堵上，整片土地就会变成海洋，加上四周围挡的山脉，无人能幸存。据说薛西斯一世并不迟钝，完全清楚塞萨利人热情示好的真正意图，对毫不费力就能轻取的那些国家，他总能见机行事，顺势而为，及时与进犯者相向而行。

薛西斯一世从坦佩关隘返回后，不得已在瑟迈待了一段时间，让先锋军队沿山砍树，开出一条捷径。他率领陆军离开瑟迈向戈诺斯进发。十一天后，波斯舰队单日内即到达皮立翁下游的迈格尼夏，船队在那里

波斯先锋部队中的长矛兵和弓箭手

停留了数小时,感受到了朔北风神玻瑞阿斯①的愤怒。目前为止,薛西斯一世远征希腊一路平顺,但据说很快将会出现他溃退的迹象,这似乎表明这种说法有问题。

  一段时间,西部希腊战事的发展决定着接下来的战役中雅典和斯巴达的重要性。雅典和埃吉那之间长期的争争吵吵与战战和和至少倒是带来一个好的结果:雅典人重视海军而非陆军的发展。他们之间的争吵涉及那个古老的贵族寡头政权与民主或人民政权之间的冲突。贵族寡头们谋杀了近七百个平民后又被雅典民主政权击败。埃吉那的政治寡头们更加幸运,他们临海而居,雅典舰队惊慌错乱,四艘战舰被击毁,船员丧生,雅典人不可能不带着教训返回家乡。事实上,雅典政治家蒂米斯托克利在整个政治生涯中时时刻刻都紧绷着每一根神经告诫着雅典人。为了发展雅典海军,蒂米斯托克利主张改变政策,采用新政,这激起了对抗情绪,他本人也与当时的另外一位政治家阿里斯蒂德产生了矛盾。这两个政治对手给雅典带来太多的危险,阿里斯蒂德本人都承认这一点。阿里斯蒂德曾说,雅典人若聪明,就该把他俩扔进拜勒思朗——惩罚犯人的大峡谷,而他被放逐恰恰是民主的陶片投票制起了作用,也是通过这种陶片投票法,雅典人断言相比旧的保守理论,新政富于创新和改变,应优先采用。蒂米斯托克利自然要强化采用新政的决心,他指出薛西斯一世如何努力实施他父亲大流士一世植于他心中的大战略,使雅典人确信波斯军队已剑指他们,他们必须做好充分准备抵挡腓尼基舰队,同时防备任何通过陆路来袭的敌军。

  大流士一世的远征计划先是被埃及暴动延缓,接着他本人驾崩了,而后薛西斯一世又拖延了很长时间才从索萨起兵,这一切对雅典和蒂米

---

① 希腊神话和宗教中,阿尼米指四位风神,分别掌管不同的季节和天气状况,玻瑞阿斯分管北方,是寒冷空气的使者。——译者注

第 7 章　薛西斯一世入侵希腊

斯托克利而言实为幸事。与此同时，雅典国内财富也随劳利昂[①]银矿的开采而激增。庇西特拉图王朝军事独裁统治期间，这些矿藏财富很少使用，甚至不用。但克里斯提尼的宪政改革为雅典的政治注入了动力，富足的矿藏开采也使雅典人得到了奖赏，每个雅典公民从中得到了十个德拉克马[②]，但蒂米斯托克利鼓动雅典人放弃这点儿小恩小惠，建议用这笔款项——三十万德拉克马，精心打造二百艘战舰，用于对抗埃吉那人。希罗多德强调这些战舰的建造简直可以说拯救了希腊。

很难说希腊的其他城邦也拥有与雅典一样的爱国决心，有些城邦的确已经意识到连年无休无止的战乱和争吵并非明智之举。在科林斯召开的大会上，各城邦国家承认在波斯大军面前弥合各方争吵是首要之事。由于与雅典人之间的龃龉，一段时间里埃吉那人被排斥在外，希腊人孤立的个性如往常一样。大部分希腊城市都与波斯人有瓜葛，而那些拒绝臣服波斯的城市一想到要与腓尼基舰队发生冲突便心生恐惧。此次波斯大军压境，点燃希望且积极行动的巨大推动力来自雅典人。希罗多德强调，假如雅典人倒向波斯，那么海上战胜波斯舰队几无可能，陆路上斯巴达人的战斗就会徒劳无功。所以，很大程度上是雅典人在拯救希腊。希罗多德这种断言甚至更有价值，因为他坚信它的真实性，尽管他本人也明白这样说将会触犯众怒。

整体来看，眼下的局势令人沮丧。科林斯大会后希腊盟军派出去三个人侦察驻扎在撒尔迪斯的波斯军队，这三个人带回来的消息可以说是多余的。多年来整个亚洲都回荡着波斯准备进犯的喧闹声，波斯大军一路经过的希腊乡间居民全数交出他们储藏的粮食。这三个打探消息的人被抓住了，但薛西斯一世并没有杀死他们，而是让人带着他们绕波斯军

[①] 阿提卡东南部劳利昂银矿的发现与开采给雅典带来了源源不断的财富。——译者注
[②] 古希腊银币。——原注

营转了一圈，之后将他们放了回去，且毫发无损。这三个打探消息的人感受到了一些灾难的迹象，夸大了一些迷信说法所渲染的恐惧，一踏进德尔斐神殿，他们就收到无情的应答：

啊！不幸的人们，为什么还坐在这里？快离开家乡、离开据点，逃命去吧！
头和身体、手和脚，全无声息，尽是悲惨；
水与火正乘着叙利亚战车疾驰而来，毁灭一切！
许多坚固的城池也将被摧毁，不只是你们的。
火将烧掉许多永恒之神的神殿！
神殿的围墙将大滴大滴地渗出水珠，这是神因恐惧而颤抖！
而你们必须离开我的圣地！振作吧，勇抗罪恶！

如此恐怖的神谕着实吓着了这三个打探消息的雅典人。一位占卜师稍稍安慰了他们，吩咐他们拿起橄榄枝再试一签。他们祈祷这次能抽到幸运的签，如果得不到，他们宁愿一直在此等到死。他们的祈求得到如下的奖赏：

雅典娜不可能说服奥林匹斯山上的宙斯，尽管她多次祷告祈求他。
他的回答，如我现在告诉你们的，坚固如磐石。
宙斯说，即使凯克洛普斯土地上所有的东西都被用掉，也不要拿掉木头撑起的墙，它会挽救你和你的孩子们。
不要坐等骑兵和步兵到来，现在就离弃他们，总有一天你们会相遇的。

第7章 薛西斯一世入侵希腊

> 你,神圣的萨拉米斯①,将会摧毁那些女人生下的孩子,
> 春种或秋收时节便会降临。

这三个打探消息的人一回到雅典便当众宣读了这些神谕,和蒂米斯托克利的政策主张巧合的是神谕也揭示了雅典人坚定向前的意义。这位伟大的政治家早就下决心壮大雅典海军,他的整个政治生涯充分证明他始终都在寻找各种手段实施他的目标,且毫无顾忌。所以,神谕宣读完毕后,蒂米斯托克利即抢先说道:"雅典同胞们,占卜师让你们逃离国家,避难他乡,这是错的,老年市民让你们留在家乡保卫雅典卫城也是

蒂米斯托克利佩戴头盔雕像

---

① 萨拉米斯,萨罗尼克湾最大的岛屿。公元前480年,这里曾经发生了希腊联军与波斯王薛西斯一世之间的海战,希腊联军获胜。——译者注

错的。神在提到木墙时应该就是这个意思,因为很久以前木墙周围是有荆棘的。占卜师告诉你们一定会在萨拉米斯的海战中被击败,还将萨拉米斯称作女人的孩子们的摧毁地,这是在将你们引入歧途,于事无补。神谕根本不是这个意思,如果神谕中说的是我们,那占卜师肯定会说'不幸的萨拉米斯',而不是'神圣的萨拉米斯'。神谕中不是指我们,而是指我们的敌人,让我们武装起来准备海战吧,因为战舰就是我们的木墙!"想一想克里昂米尼一世将庇西特拉图王朝赶出雅典时所施的手段,我们大概不会认为蒂米斯托克利会失手于同样的伎俩。有了德尔斐神谕的鼓励,蒂米斯托克利向雅典人激发起他一以贯之的坚定信念:只要方向和方针正确,雅典,一定能胜利。将争辩置于具体的背景只是蒂米斯托克利那个时代的智力状态,他后来的一代人将此辩论技巧用到极致。

尽管蒂米斯托克利的政策主张被采用了,但雅典民族意识崛起的时刻尚未到来,除了斯巴达,科林斯大会召集起来的各路盟友都直言他们宁愿脱离同盟也不愿臣服于任何统治。出于真正的爱国主义,雅典人放弃了一项他们一直坚持的主张,他们宁愿看着自己的家人被放逐、土地被踩躏、城市被烧毁,也不愿看到四分五裂的希腊社会完全坍塌,他们对阿尔戈斯人和彼奥提亚人不抱任何幻想。英雄珀尔修斯[①]的后人阿尔戈斯人宣称将波斯人视作他们的宗亲,坚持开战时保持中立。彼奥提亚的那些首领控制着一些不满的人,热衷于反希腊政策,且极度狂热。科尔基拉人在科林斯大会上见到了雅典的那三个打探消息的人,保证随时给予帮助,但他们派出的六十艘战舰被逗留在海上的那些军官们控制着。他们深信希腊人将不可避免被波斯人摧毁。如果真会这样,他们就以没有出兵为由宣称效忠于薛西斯一世,声称他们一旦出兵,结果就会不同。

---

① 希腊神话中,珀尔修斯是迈锡尼和珀尔希德王朝的缔造者,是宙斯与凡人戴娜的儿子,希腊最伟大的英雄。——译者注

阿尔戈斯人的祖先珀尔修斯

万一希腊人获胜，他们会深表遗憾，就说逆风阻碍了他们向伯罗奔尼撒①加速航行。希腊同盟派去觐见锡拉丘兹君主革隆②的信使们同样没有结果。这些信使提醒说，如果革隆对他东面的希腊亲族袖手旁观，那将为波斯帝国吞并西西里打开大门。革隆听了很生气，抨击希腊盟军自私自利，在他面对迦太基人的巨大压力时竟然拒绝伸手援助。不过，他依然许诺会派出强大的军队支援希腊盟军，满足此次征战的全部实际费用，只要盟军将他视为抗击波斯蛮族的统帅和领袖。来自斯巴达的一位信使对此难以接受，

锡拉丘兹君主革隆

他回答道："显然，如果阿伽门农听到锡拉丘兹人剥夺了斯巴达人的荣耀，他会悲痛不已。别做梦了，斯巴达作为领袖的荣耀不会交给他人的。"但革隆并没有被斯巴达信使的话激怒，他说："这位斯巴达朋友，恶言通常会使人愤怒，但我不会恶言相向。那我就退一步，如果斯巴达统治海上，我就控制陆地；如果你们控制陆地，那我就必须控制海上。"但此时一位雅典信使即刻插话反对，他说尽管雅典同胞准备在陆地上服从斯巴达人的领导，但海上的控制他们绝不相让。革隆不再争辩，说希腊盟军似乎有很多领导，却很少有谁被领导，让信使回去告诉希腊人春天

---

① 伯罗奔尼撒也拼作 Peloponnesus 和 Peloponnisos，是位于希腊南部的半岛，半岛分三个行政区，主要归伯罗奔尼撒区，小部分属于西希腊区和阿提卡区。——译者注

② 革隆也拼作 Gelo，迪诺门尼斯的儿子，迪诺门尼德王朝的第一位国王。——译者注

第 7 章　薛西斯一世入侵希腊

已经过去，别再浪费时间了。希罗多德似乎相信了这种说法，不过他也承认故事还有另外的版本。按照西西里人的传言，革隆拒绝援助希腊人不是因为斯巴达人要争做最高统帅，而是因为哈米尔卡①统帅的迦太基军队正在进攻锡拉丘兹，人数不在此次波斯大军之下，也就不能分出兵力援助希腊。不过，据说革隆给了些钱财，这些财物被送往德尔斐用于祈求神谕。

诸事不顺，不愿意化敌为友的希腊人感到首要任务是守住进入希腊的各个关口，用尽可能多的障碍挡住入侵者的通道，而首当其冲的显然是坦佩关隘。塞萨利人积极应对，提出了防御的计策，这一计策充分体现了他们的智慧。一条五英里的小路通向坦佩峡谷，最宽不过二十英尺，有些路段不超过十三英尺。蒂米斯托克利布下一万重装兵盘踞于此的时候，人们都会以为波斯蛮族的进路会被截断，但很快有人提醒说珀雷宾

希腊重装兵

---

① 哈米尔卡，迦太基麦格尼德王朝国王。——译者注

人居住的戈诺斯镇以西还有一条路，波斯人可能从后面围攻，使希腊人由于饥饿，最终投降。这样，坦佩关隘就被迫放弃了。塞萨利人离开了坦佩，他们之前就已告知蒂米斯托克利，如果放弃把守关隘就必须听从希腊盟军的绝对统治，而盟军的行为使塞萨利人心生愤懑，继而又热衷于成为波斯王薛西斯一世的同伙。不过，从坦佩关隘撤离只是想退回到瑟莫皮莱，希腊舰队驻扎在那里，靠近阿尔忒弥斯①海岬，地处尤碧耶海最北端，面朝马里安海湾。

　　希罗多德时期以来，斯波奇厄斯河谷因泥沙的堆积改变了马里安海湾的地形，致使希罗多德描述的一些地貌特征已经看不到了。斯波奇厄斯河口那时在坦佩关隘以西约五英里处入海，但现已改道在坦佩关隘以东约四英里处入海。伊塔②山脉的支脉阿诺沛亚山倾势而下直至安锡勒小镇，这条支脉逼近马里安海湾，之间只有一辆马车的距离，这条狭窄的空地已无法辨识。从这里到第一个洛克里斯人的村庄阿尔佩尼是伊塔山的另一条支脉。这条支脉遮围着一片更宽一点儿的空地。列奥尼达一世的军队就屯扎在这里。但就军队驻扎而言，这里还是太窄了，尤其是两端的隘口——盖茨③和皮莱④。这里通道狭窄，一边是险峻的高山，另一边是温泉形成的沼泽地，温泉叫楷翠或潘滋，是温泉浴者的胜地。要描述这样一个通道比大自然对它的造化还难，佛卡亚人让这里的矿泉肆意流淌，还在西面入口附近横跨通道修了一堵城墙，留有坚固的城门。城墙本已年久失修，现在又重新修固。希腊军队驻扎在城墙里面，决心在此等待入侵者到来。

---

① 阿尔忒弥斯也拼作 Artemisium，是希腊尤碧耶海北部的海岬，以阿尔忒弥斯铜像而闻名。铜像是在海岬附近的沉船里打捞上来的，传说是宙斯或波塞冬的雕塑。——译者注
② 伊塔也拼作 Oeta，是希腊中部山脉，在品都斯山系的东南方向。——译者注
③ 也叫霍盖茨。——原注
④ 也叫瑟莫皮莱。——原注

第7章 薛西斯一世入侵希腊

此时大约是夏至，屯集在此的军力并不太多，至多有八千到一万人，由列奥尼达一世统领。他意外获得重要官职，还娶了他哥哥克里昂米尼一世的女儿高尔格①。这是列奥尼达一世第一次也是最后一次以国王的身份远征。他身边有三百精选重装步兵——或可说是斯巴达重装市民护驾，还有来自各地的分遣队。有来自泰耶阿②、曼提尼亚和奥尔霍迈诺斯的阿卡迪亚③人，有科林斯、弗利乌斯④和迈锡尼派遣的分队，

希腊重装步兵

---

① 按斯巴达的习俗是允许的。——原注
② 泰耶阿，希腊伯罗奔尼撒半岛阿卡迪亚地区的居民点。——译者注
③ 阿卡迪亚，希腊伯罗奔尼撒半岛上的一个行政区，位于半岛的中东部。阿卡迪亚这个地名源自希腊神话人物阿卡斯，他是一位狩猎者，教人们编织与面包制作，后来成为阿卡迪亚的国王。——译者注
④ 弗利乌斯，希腊伯罗奔尼撒半岛上的一座城市。城市的名字据说源自希腊神话人物阿卡斯的女儿阿柔特瑞娅，后来又更换为希腊英雄弗利乌斯的名字。——译者注

还有欧珀斯①的佛卡亚人和洛克里斯人。另外,七百名西斯匹亚②人和五百名底比斯人被抓来做人质,以保证他们的城市忠诚于希腊人的事业。

发生在坦佩关隘的那些事件已经被扭曲,部分原因是近半个世纪口头流传的习俗造成了故事的流变,这期间各种说法都可能混入。但更多的原因是人们总是一厢情愿对特定城镇的市民进行颂扬或贬损。某种程度上,故事的本真早已被埋没,很难复原,但故事的显著导向依然表明瑟莫皮莱的冲突更加合理可信。希腊人的溃败比希罗多德提供给我们的说法更严重,会触发我们更多的想象。故事传送者们最大的目的是要歌颂列奥尼达一世和那些斯巴达的追随者们的英雄主义,就像把萨拉米斯战斗胜利的荣耀归于雅典人一样。在这里,英雄主义的光芒明显照亮了斯巴达的三百精兵,他们为三百万士兵的进攻保驾护驾,功勋卓著。但波斯军队的人数显然被无限夸大,因为希腊人认为主力军队尚未调来之前,八千到一万人的兵力足够把守坦佩关隘。我们也不能因为看到"战场上出现了一个雅典士兵"这样的陈述,就想当然断定一定有许多雅典人参战。希腊人已经派蒂米斯托克利率领主力去占领坦佩关隘,但他们更有可能被派去防守最重要的瑟莫皮莱关隘,如果雅典人拒绝执行这项任务,希腊盟军不可能不去接触他们。

斯巴达人在陆路等待敌人进犯时,波斯舰队却在迈格尼夏海岸的狭长地带遭遇了灾难。薛西斯一世是从瑟迈出发后的第十一天到达这里的,绵延的山下,神圣的复仇女神涅墨西斯和正义的司法就要降临唯我独尊的薛西斯一世军队,就像之前降临在克洛伊索斯、居鲁士二世、冈比西斯二世和波利克雷蒂斯身上一样。依照德尔斐神谕,雅典人祈求风作他们最好的盟友,祈求北风之神玻瑞阿斯③协助。风暴过后,他们在

---

① 欧珀斯,希腊洛克里斯东面的城市。——译者注
② 西斯匹亚,古希腊彼奥提亚地区的一个城市,这里的居民被称作西斯匹亚人。——译者注
③ 希腊神话中,玻瑞阿斯娶了厄瑞克透斯国王的女儿俄瑞提亚。——原注

复仇女神涅墨西斯

伊利索斯河岸筑起了一座神殿,以此敬拜玻瑞阿斯。波斯将帅无所畏惧,他们将最先驶来的战舰停泊在海滩,其余的战舰停泊在远处,面朝大海列成八排。破晓时分,天气晴朗,但一股微风①很快泛起,继而聚成风暴。有些船还来得及被及时拖上岸,但远处漂浮在海上的船锚被狂风拔起,船被海浪推向皮立翁山方向,漂了很远,甚至漂到了卡斯塔尼亚。暴风狂吹了四天,海岸上到处散落着昂贵的东方艺术品和奢侈品。这片荒凉领地的主人实在是幸运,他捡到了无数的金银杯器,真可谓财源滚滚。与此同时,临近波斯舰队的希腊人退回到欧里珀斯海峡,第二天他们就听说了波斯舰船在海上的遭遇,于是鼓起勇气沿着尤碧耶海相对平缓的水域驶回阿尔忒弥斯海岬。然而,波斯人的损伤并不像希腊人希望的那样严重。暴风减退后,波斯人又将战舰拉下水,驶向帕格赛恩海湾入口的阿菲提②,停泊在与阿尔忒弥斯海岬的希腊舰队正相对的位置。几个时辰过后,波斯的一个中队误将希腊船舰当成自己人,径直驶入圈套,船上的波斯兵被活捉囚禁。希腊人从其中一个囚犯那里获取了有用的信息,掌握了薛西斯一世的计划和动向,泄露信息的人正是总督桑多基斯。

此时,薛西斯一世已率军通过塞萨利,驻扎在马里安人居住的特拉契斯,离瑟莫皮莱关隘守卫者占据的地方仅数英里,希罗多德对这里曾做过美轮美奂的叙述。薛西斯一世派了一名骑兵去探查希腊人的动向。这位查探者从佛卡亚旧城墙的西面看到斯巴达人全副武装,集中在一起,有人在摔跤,有人在梳理头发。查探者的汇报似乎在说希腊人很愚蠢,但德马拉托斯确信梳理头发是斯巴达人准备面临致命危险的信号。薛西斯一世问道:"如此少的人马怎能和我的伟大军队作战?"这位波斯王

---

① 在本地俗称达达尼尔风。——原注
② 阿菲提,希腊塞萨利地区迈格尼夏的一个村庄。——译者注

第 7 章 薛西斯一世入侵希腊

等了四天后，心想希腊人一定是逃走了，随即命令军队前进。然而，波斯军队的努力徒劳无功，波斯士兵被一次次击退。最后，薛西斯一世命令攻占瑟莫皮莱关隘，但波斯人的长矛比希腊人的短，亚麻长袍遇到铁制战袍更是毫无抵抗之力，在狭窄的关隘面前人数多变成了障碍。希腊人假装逃散，引波斯兵追赶，而后转身将波斯蛮人砍倒在地，毫不留情。这场恶战中，薛西斯一世惊恐万分，三次从御座上跳下来避险。不过，第二天他又重整军队对希腊人发起进攻，心想希腊人一定疲于应战。薛西斯一世列好阵势，希腊人全部出动，只有佛卡亚人被派去守卫通向阿诺沛亚山的那条小路。前一天的场景再次重演，薛西斯一世正无计可施，一位名叫埃菲奥茨的马里安人给他指出了一条山路。夜色降临，海达尔

波斯轻装盾牌兵

尼斯①领受波斯王的命令，从营地出发，率军沿此小路行军一整夜。左边特拉契斯山势险峻，右边耶特山势巍峨，难挨的寂静之后终于破晓，希腊的清晨开始了。海达尔尼斯率军登上了上千名佛卡亚人镇守的阿诺沛亚山顶，佛卡亚人根本没有意识到波斯人的临近，波斯人已攀爬过山上的大片橡树，佛卡亚人对此却一无所知。但波斯人接近山顶时，佛卡亚人发觉了。一丝风也没有，波斯人踩在落叶上的脚踏声一清二楚，这些侵略者不等他们穿上铠甲就开始进攻。海达尔尼斯开始有些惊愕，他没料到山上有抵抗，接着号召士兵迎战，乱箭狂射，佛卡亚人败下阵来，从波斯人刚刚经过的那条小路退回到开阔的高地，准备决一死战。但波

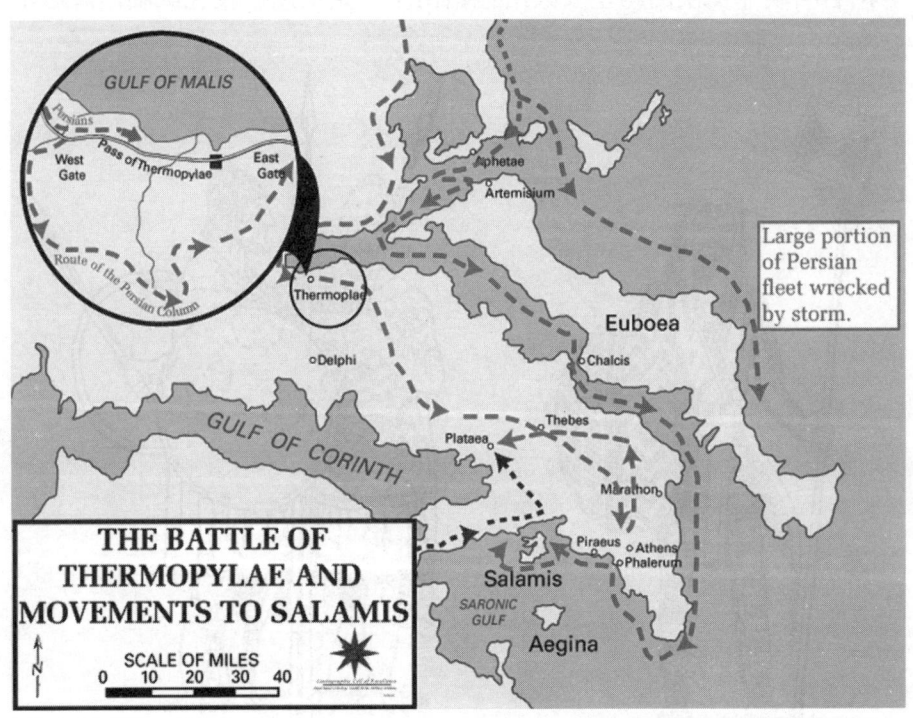

瑟莫皮莱战役示意图

---

① 海达尔尼斯，公元前6世纪晚期至公元前5世纪早期波斯阿契美尼德王朝的贵族，曾经密谋反抗冈比西斯二世的弟弟篡位，将其杀死，而后推举大流士一世为波斯王。——译者注

第7章 薛西斯一世入侵希腊

斯人到此并非为了袭击他们,因此没多停留就急忙下山了。接到海达尔尼斯临近的消息后,希腊各路盟军反应不一,甚至引发了混乱与恐惧。但斯巴达人却并不惊讶,因为他们前一天已从占卜师美吉司提亚斯[①]那里得到神谕,他们第二天必须死去。列奥尼达一世希望斯巴达人独享其荣,决定把兵力全派出去,唯独留下底比斯人和西斯匹亚人,因为他坚持让底比斯人为自己的同胞做保人,而留下西斯匹亚人是因为他们置身事外,不会靠叛变挽救自己的生命。

晨曦初照,薛西斯一世洒酒拜日,在埃菲奥茨的恳求下,波斯人一直逗留到上午约九点,那时市场上已熙熙攘攘,挤满了人。进攻的信号一发出,波斯士兵被鞭打上阵。野蛮的杀戮开始了,很多人掉进海里淹死了,更多的人彼此踩踏但依然活着。最后,由于波斯军队在人数上占绝对优势,列奥尼达一世倒下了,他为尊严战死。在他的尸体之上,激烈的战斗仍在继续。此时海达尔尼斯亲自率兵上阵,发现波斯人从背后来袭。希腊人退守到城墙内的狭窄地带,在这里又是一阵厮杀,希腊

迎着波斯箭雨冲锋的希腊军

---

① 美吉司提亚斯,斯巴达人军中的占卜师,死于瑟莫皮莱战役。——译者注

盟军勇猛而悲壮,直至西斯匹亚人和斯巴达人全部被杀。据说,斯巴达军中最勇敢的人是迪尼克斯,开战之前他从一位特拉契斯人那里听说,波斯人万箭齐发的时候,太阳都会被他们放出的箭遮住。他听后愉快地答道:"特拉契斯来的朋友给我们带来了好消息,我们将在惬意的阴凉处作战。"在后来记录盟军的碑文中,有四千名伯罗奔尼撒人在此对抗三百万波斯侵略者,关于斯巴达人另有记述:

请告诉斯巴达人,
应他们的请求,
来犯的波斯人已被杀死在这里,
我们枕着他们。

同列奥尼达一世一起参战的三百名斯巴达人中只有两人留在阿尔佩尼养病,其中一位是欧里特斯。他不顾眼疾,拿起武器,恳求向导引领他去参战。他投身战斗,血染沙场。另一位是阿里斯托达莫斯。他回到斯巴达后人们像躲避懦夫一样对他避之不及,但他后来在普拉提亚丧命,总算赢回了好名声。至于底比斯人,他们最先跑到波斯王那里说,他们是最先交出土地与河流的人,他们参加希腊盟军是违心的。希罗多德认为这是所有故事中最真实的一个,薛西斯一世听后却陷入了沉思。他派人叫来德马拉托斯,问他斯巴达人还剩多少,得到的回答是大约八千人,波斯王又问怎样征服这些人,德马拉托斯说只有一个办法:派一支舰队去占领波洛庞尼索斯海岬最南面的基西拉岛。一些波斯将领对此强烈反对,已经有四百艘战舰被迈格尼夏海岸的风暴击成碎片,如果波斯战舰再被分派出去,斯巴达人的力量就与他们相当了。这位被放逐的斯巴达国王的建议就被放弃了,薛西斯一世转而盘算怎样好好利用瑟莫皮莱这场胜利,他下令将列奥尼达一世斩首、虐尸,然后发出告示让所有可能

列奥尼达一世在瑟莫皮莱

反抗的人去看看瑟莫皮莱战场，感受一下伟大的波斯王是怎样消灭敌人的。这样的伎俩在东方人看来甚至也是卑鄙的。硝烟散尽的战场上，一边堆着四千斯巴达人的尸体，另一边堆着大概一千波斯人的尸体。还有一件事指向了瑟莫皮莱事件的道德性，薛西斯一世向一些阿卡迪亚人逃兵问希腊人在做什么。他们回答道，希腊人在奥林匹亚欢度盛会，观看摔跤和马术比赛。薛西斯一世的第二个问题的答案引出了这样一个事实：获胜者所得到的奖赏仅仅是橄榄枝编织的一个花环。薛西斯一世手下一位叫柴坦泰思米斯的人动情喊道："啊，马多尼奥斯！你带我们来这里就是对抗这样一些人？不爱钱财，只爱荣耀？"然而，薛西斯一世却从柴坦泰思米斯的情绪中读出了怯懦。

瑟莫皮莱战争中的这个故事也许很美，但显然它不具有真实性。据说，列奥尼达一世带领不足八千士兵花了十到十二天时间才搞清楚波斯军队的所有人数，并且让波斯人遭受了巨大损失。事实很清楚，假如他派一支精兵守卫阿诺沛亚山，而把其余的兵力收归到自己的麾下，或许会取得地面战斗的胜利。有一种说法认为，虽然佛卡亚人的行为粉碎了希腊人最后所有的取胜机会，但希腊人依然有可能撤退，剩下的四千多人就可以安全逃脱。但这在我们看来完全不可能，佛卡亚人在山顶上的一个小时内，海达尔尼斯肯定已率军到达东面的盖茨隘口，剩下的四千斯巴达人即便要逃也只能经此隘口。如果说四千斯巴达人马在获知波斯人临近盖茨隘口的数分钟之内就可能通过了这片狭窄的通道——有些地方甚至不过马车道那么宽，这种设想实在荒唐可笑。显然，这种情势下即便能成功撤退，也势必要厮杀一番，但这种说法却将这种情形下的撤退设想得安详，甚至悠闲。也不能排除这样的结论：如果列奥尼达一世将这四千兵力和佛卡亚人一起派去守卫阿诺沛亚，并且命令他们必须死守，那他也许能选择一条更明智的路线。还有，以上说法没有提到列奥尼达一世阵营中可疑的底比斯人，他们的行为不能为他们反波斯的声言

第 7 章 薛西斯一世入侵希腊

正名,所以列奥尼达一世战败之后,他们又得意扬扬地成了波斯阵营中的一分子。希罗多德明显排斥这种说法,他相信,在承认投靠波斯这件事上,底比斯人说了实话。尽管塞萨利人也不能保证那些完全同情希腊人的人就值得信赖,但假如他们违背意愿留在希腊阵营里,那么他们放弃一切支持薛西斯一世的机会倒是显得十分奇怪,无论是公开加入海达尔尼斯阵营还是暗地里阻止列奥尼达一世的行动。

当我们进一步了解整个故事的目的就是颂扬和美化斯巴达人时,我们有理由断定,雅典舰队的统帅为获取瑟莫皮莱早期的军事情报而采取了谨小慎微的行动。这一事实表明希腊盟军中的雅典军队尚未离开瑟莫皮莱,因此当时抵抗薛西斯一世的希腊兵力远远大于希罗多德给出的数量。也许是在正当的要求下斯巴达将领才将军队解散的,因此出现了希腊盟军强制性甚至灾难性的撤退。他们要是心虚,就会阻止假象的蔓延,因为假象掩盖了他们对希腊事业的怠惰表现而抬高了列奥尼达一世和他的三百精兵的声望。

波斯舰队在迈格尼夏海岸遭风暴摧毁时,希腊的战舰停泊在欧里珀斯海峡,他们第二天才听说波斯战舰遭遇了风暴,一得到这个消息他们便全速赶往阿尔忒弥斯。风暴持续了四天,希腊舰队停泊在尤碧耶北海岸四十八小时之后才驶向阿菲提,波斯战舰终于进入了希腊人的视野。希腊舰队在阿菲提等待波斯人的进攻,希腊盟军的战舰总共二百七十一艘,其中雅典战舰至少一百二十七艘,如果加上乔基迪克人使用的二十艘雅典船只就是一百四十七艘。盟军舰队的最高指挥权握在斯巴达人欧里比亚德斯[①]手中,其他城市坚持这是希腊联邦结盟的必备条件。雅典人立刻屈尊降贵,耐心等待着情势的转机,寻找机会掌握这支古代世界最辉煌的海军。

---

① 欧里比亚德斯,斯巴达海军将军,主导了希腊抗击波斯的第二次战争。——译者注

风暴开始的第四天下午晚些时候,波斯舰队驶抵阿菲提。他们看到了靠近阿尔忒弥斯海岬的不起眼的希腊舰队,内心不禁升起一股立刻进攻的冲动,但一种坚定的信念抑制住了冲动:一艘希腊战舰也逃不掉。于是,一支波斯海军中队当天下午被派往尤碧耶东海岸去抄后路袭击希腊舰队。东方拂晓,波斯舰队的一名逃兵给希腊人带来了一个消息:波斯人计划在希腊舰队的两端点火烧船。波斯舰队快到阿菲提时希腊战舰还无意撤退,这就给故事的进展留下了一些空间。据说,本计划前来应敌的希腊舰队一看到波斯战舰就立刻决定退回到乔基斯,但被蒂米斯托克利制止了。他分别用五个和三个塔兰特行贿欧里比亚德斯和科林斯人的首领阿得曼托斯,使战舰待在原地直到预计尤碧耶人把家人从尤碧耶岛上接走。据说,尤碧耶人赠给蒂米斯托克利三十个格兰特,用于帮助他们撤离该岛,而这八个格兰特是其中的一部分。但这里我们必须注意以下四个方面:第一,蒂米斯托克利私自占有了二十二个格兰特;第二,尽管尤碧耶人过一两个小时就会知道他们的行贿毫无用处,但他们根本没想要回全部或部分送出去的贿金;第三,如果他们向雅典人提出补偿请求,雅典人一定会立刻答应;第四,蒂米斯托克利所处的情势非常棘手,他需要消除同行官员的敌意,尽管他曾经再三向同行官员行贿,但丝毫看不出他企图再次这样做。

接到波斯派遣海军中队接近尤碧耶东海岸的信息后,希腊人展开了辩论,最后决定趁着夜色沿尤碧耶海峡行进以便分头对付这支波斯舰队。结果第二天白天又快耗尽,还不见波斯舰队有动静。希腊人决定趁着天亮抓紧时间进攻波斯舰队,以便通过战斗获取些经验。希腊舰队靠近时,波斯人像在马拉松战役中一样,以为希腊人一定是疯了,于是命令更多、更快的战舰包围希腊舰队。薛西斯一世麾下的爱奥尼亚人十分惊愕,他们以为他们的希腊同族很快会成为波斯人杀戮的牺牲品。但信号一发出,希腊人的战舰很快围成一圈,船尾朝里、船首朝外,准备冲锋。第二个

第 7 章　薛西斯一世入侵希腊

信号一发出，冲突即起，希腊人轻取三十艘波斯战舰，薛西斯一世手下的利姆诺斯人开了小差，这表明波斯舰队中的亚洲希腊人是偏向他们的西部希腊同族的。

第二天夜晚暴雨再次来袭，雷鸣电闪、大雨瓢泼，海浪将沉船和死尸拍到了阿菲提海岸。不过，这场暴雨的全部压力落在了尤碧耶沿海负责截断希腊人退路的波斯海军中队这边，他们几乎所有的船都被暴雨推向岩石，沉毁严重。神圣的复仇女神又在发威，波斯战舰与希腊战舰的数量更接近了。第二天的黎明并没有给阿菲提的波斯蛮族带来愉快的光景，而希腊人得知尤碧耶的波斯战舰被暴风雨击毁便喜上眉梢，五十三艘雅典战舰前来增援更使希腊人兴高采烈。此时，希腊人只想进攻波斯战舰，俘获他们的船员，然后回到自己的驻地。然而，希腊人过于乐观了，波斯统帅们深惧薛西斯一世的愤怒，决心继续战斗。战斗异常激烈，波斯人的战舰呈新月形驶出，试图围歼希腊联邦舰队，但他们失败了，据说依然败于自身庞大的战舰数额而非舰上船员的士气。

薛西斯一世与他的军队在希腊

尽管整体上希腊人取得了胜利，但相比庞大的波斯舰队，斯巴达人与他们的盟军明显处于弱势，撤退是他们面前唯一的选择。也许我们会认为尤碧耶人的钱此时可以派上用场，但据说蒂米斯托克利并没有再次出手行贿。而且打探消息的人带来了不好的消息：列奥尼达一世被杀，薛西斯一世成了瑟莫皮莱关隘和希腊南大门的主人。一切努力都已显得无济于事，希腊舰队即刻准备撤退，科林斯人在前，雅典人断后。

值此关键时刻，雅典人的勇气上升到一种爱国热忱，这种热忱随希腊同盟精神的不断丧失而一再高涨，激起了希罗多德的热情讴歌。现在的希腊同盟军只有一个想法，那就是守住伯罗奔尼撒。他们自认波斯舰队不会光顾阿尔戈利斯①和拉科尼亚，他们天真地以为只要守住科林斯地峡就无须顾虑其他。蒂米斯托克利愤怒不已，强烈反对这项计划。没有相关记述表明他是否用尤碧耶人送他的钱去收买同僚的赞同，但他的确说服盟军坚守萨拉米斯，直到雅典人将他们的家人从阿提卡撤出。此时，希腊盟军的战舰停泊在萨拉米斯，伯罗奔尼撒人则不分昼夜加固科林斯地峡的防护城墙，无数筑工将石头、砖、木块、沙袋等源源不断运往这里，城墙很快达到了需要的高度。但防护工事的完成似乎并没有增加筑工们的信心，更没有增加驻扎在萨拉米斯的伯罗奔尼撒海员们的信心。事实上，希腊盟军气数已尽，这次溃败标志着薛西斯一世此次希腊远征将告胜利。瑟莫皮莱事件似乎表明波斯王并非看上去那么强大，希腊军也并非看上去那么弱小。将盟军的消极归因于卡尔尼亚人和奥林匹亚人的节日盛会也许只是后来杜撰的一个借口，以此来掩盖疏于努力的事实。对一般希腊人来说，此次海战的荣耀表现在希腊人以一当十击败了波斯舰队。但在我们看来，如果波斯一方的威力不在于人数而在于士

---

① 阿尔戈利斯也拼作 Argolid，是古希腊的一个行政区，属于伯罗奔尼撒行政区，位于伯罗奔尼撒半岛东部，但大部分区域在阿尔戈利斯半岛。——译者注

第7章 薛西斯一世入侵希腊

气,那么希腊人的胜利显然是被放大了。将薛西斯一世军队描述成如滚雪球一样壮大只是源于东方国家粗俗的夸张,而虚荣心却导致希腊人将这种夸张当作夸大自身功绩的光彩。毫无疑问,薛西斯一世大军的真正实力在于活力四射、勇猛无畏的精兵强将,他们二十五载从不屈服,帮助居鲁士二世从胜利走向胜利。希腊人在与人较量时,很少能战胜逊色于自己的对手,除了一点:东方的雅利安人竭力建立了专制统治,而他们西方的同族兄弟却缔造了平等法律的体制。明白了这些也许才能真正彻悟这场海战的特性。

如果不是东方波斯人身上那种独有的刚毅品质,西方希腊人的自由精神会比以往的表现更加危险,但此刻我们无暇进行冗长的讨论。阿尔忒弥斯驶来的舰队一到,命令即刻发出:所有雅典士兵急速携家人撤离。这一命令的执行情况无法确定,但毫无疑问,那些地处波斯入侵者即将进犯的地区的住民迅速撤离了,大部分逃到阿尔戈利斯半岛的特里真,另外一些逃到埃吉那和萨拉米斯。

与此同时,薛西斯一世实际上已经挫败来自佛卡亚以北的抵抗,除了西斯匹亚人和普拉提亚人,所有彼奥提亚城市皆已臣服于他。塞萨利人对波斯王的事业极为热心,希罗多德认为塞萨利人这样做是出于憎恨佛卡亚人对旧仇家的报复行为,他们引领波斯大军穿越多里安人住地的狭长地带,然后让他们轻松进攻佛卡亚,佛卡亚人的城池全被焚毁,阿瓦伊①的金银财宝被洗劫一空。之后不久,波斯人兵分两路,大部分领命穿过彼奥提亚与薛西斯一世会合,其余小部分据说去了德尔斐,希望在那里重演阿瓦伊发生的一幕。波斯人的逼近吓坏了德尔斐人,他们祈求神谕,是将神圣的财宝埋起来还是带走。神谕答复道:"原地别动,我会保护它们。"而后,德尔斐人只顾逃亡,最后仅剩包括预言师阿

---

① 阿瓦伊,希腊弗西斯地区东北角的一个小城镇,古代以阿波罗神所而闻名。——译者注

克拉托斯在内的六十人。波斯王驾临。这时,那些一向挂在神殿里、被禁止触碰的神圣武器排列在神殿前面。波斯人离武器更近了。突然,天空中电闪雷鸣,帕纳索斯山顶上的两竖峭壁被击碎,崖石伴着滚滚雷声冲下,波斯人死伤无数。与此同时,雅典的小教堂里传出剧烈的哭喊声,波斯人大为震惊,急忙退逃,德尔斐人从山上冲下来,一路追杀,同仇敌忾。逃到彼奥提亚的人讲述道两个身材高大、异于常人的重装步兵追赶他们,让他们感受到一股来自德尔斐的恐怖杀气。希罗多德相信他看到了从帕纳索斯山上滚下来的碎石,它们就落在雅典小教堂的圣地。

  在希罗多德的记述当中,进犯德尔斐是薛西斯一世此次远征的转折点,是这位波斯独裁者对神的最大胆的挑衅。紧接着自然是独裁者自取其辱,并促发了波斯军接下来的溃败,只留下马多尼奥斯统兵。但我们很快会发现马多尼奥斯本人否认波斯军有过这样的谋划,而在希腊历史学家普鲁塔克[①]的描述中,德尔斐神殿不仅被波斯军占领,而且还遭受了和阿贝神殿一样的命运。希罗多德本人曾经看到过德尔斐财宝中镶有迦吉士和克洛伊索斯名字的辉煌礼物,关于这些传说他却视若无睹。但可以确定的是两百年后的布伦努斯[②]和他率领的高卢人同样进犯了德尔斐,重复着当年薛西斯一世的野心和企图。这些关于波斯人进犯德尔斐的说法似乎表明故事的形成离不开人们对宗教愤怒情感的诉求。薛西斯一世从彼奥提亚继续沿着他幻想能到达最终胜利的道路前进。他率领军队横渡达达尼尔海峡以来已历经四个月。这位独裁者踏上阿提卡土地时,看到的是荒无人烟、城市被弃的苍凉。雅典卫城只剩下少数穷人和一些

---

① 普鲁塔克,希腊传记作者、文学家、历史学家,既是希腊人,也是罗马人,是温和的柏拉图主义者。——译者注
② 公元前387年,布伦努斯率领高卢军队进攻罗马。——译者注

第 7 章 薛西斯一世入侵希腊

希腊历史学家普鲁塔克

神殿的卫兵，他们按照神谕将一围木栏挡在神殿的一面，只有这一面开敞，便于进攻。庇西特拉图王朝的人再一次站在了他们的故乡，感觉重新占有了他们古老的独裁统治，但他们给雅典卫城的侵犯者提供的许诺却被轻蔑地拒绝了。波斯人将燃着麻屑的箭射向他们，然而徒劳。薛西斯一世心生挫败，内心狂怒。但北面岩石中有一条裂缝，一些波斯士兵得以爬上城顶，一些守卫者跳下了悬崖，其余的人躲到卫城神殿避难，波斯蛮族迅速来到神殿，砍杀每一个哀求者。薛西斯一世成了雅典之王，他随即派一名骑兵往索萨传信。消息传出，索萨大街小巷载歌载舞，到处散落着桃金娘花枝。有人伪造了薛西斯一世害怕他叔叔阿尔塔巴努斯的消息，波斯王及达官贵人们的后宫女眷耐心等待着斯巴达和雅典女佣的到来，阿托莎曾经梦想有这样的女奴。

撒尔迪斯城的神殿曾经被焚毁，作为报复，雅典卫城的神殿也燃起了大火。不过，薛西斯一世命令随其从索萨归来的雅典流放者与雅典人和平相处。攻占雅典卫城后才两天，人们发现城中的那棵神圣的橄榄树树干被烧焦了。这些流放归来的雅典人说，当他们来到树干前祭祀时，烧焦的树干根部突然长出一肘高的幼苗。也许这些庇西特拉图王朝归来的流放者们会把这一神迹看作是雅典人欢迎他们归来的好兆头，他们也的确需要一些信心，但雅典人却从中吸取了不同的教训。希腊联盟的舰队曾经驻扎在萨拉米斯，倒不是为了建立海军基地，而是为了藏匿从雅典过来的移民。雅典被波斯蛮人占领的消息促使盟军决定退回到萨拉米斯地峡，这样，万一遇到海浪袭击，盟军可以借助陆军力量退守。只有蒂米斯托克利预感到这样的决定一定会招致致命的危险，但为了谨慎，盟军向南面和西面撤退，结果塞萨利、彼奥提亚和阿提卡陆续落入波斯人之手。

雅典人能许诺什么呢？占领萨拉米斯地峡能使盟军更加团结，能共同制定更加恢宏的决策吗？蒂米斯托克利认定放弃萨拉米斯就意味着不会再有任何军事行动的机会，于是决定不惜一切代价阻止盟军继续撤退。他说服欧里比亚德斯召唤各个城邦来参加第二次希腊同盟大会，自己则没等正式辩论开始就在同盟大会上进行演讲。科林斯人阿得曼托斯严厉提醒他说，运动赛场上信号未发之前就起跑是要受罚的。蒂米斯托克利答道："是的，但信号发出后还不起跑是赢不了的。"说完后，他转向欧里比亚德斯警告说，在萨拉米斯地峡作战将不得不面临开阔的大海，这对少而笨的盟军舰队极为不利，而在萨拉米斯封闭的水域作战则有可能取胜。此时，阿得曼托斯又粗鲁地打断他并插话说，自从雅典沦陷，蒂米斯托克利就丧失了国家，可能无权在希腊联盟大会上投票，而欧里比亚德斯甚至会被禁止发言。这次演讲很奇怪，它竟出自一个受贿的人。我们也很难明白，手里依然握有尤碧耶人贿赂的二十个塔兰特的

第7章 薛西斯一世入侵希腊

蒂米斯托克利为什么不在联盟大会召开之前在这位科林斯首领的身上尝试一下金子的魅力,悄悄告诉阿得曼托斯,只要雅典人拥有两百艘战舰,他就会拥有比科林斯更好的城市?蒂米斯托克利坦诚地警告欧里比亚德斯说,如果盟军放弃萨拉米斯,他们的战舰将用来把雅典士兵和他们的家人送往意大利,他们将在锡瑞斯城找到一个家。但这位斯巴达统帅立刻明白,没有雅典人参战,伯罗奔尼撒人将会任凭波斯人宰割,于是下令战舰守在原地。

然而,盟军虽然表面服从命令,内心却十分恐惧。一次地震后的第二天,波斯人依然在备战操练,不满情绪终于在希腊盟军中爆发,怨声四起,很明显欧里比亚德斯必须退出,刻不容缓。蒂米斯托克利离开联盟大会,派他的一个奴隶——孩子们的家庭教师希金诺斯乘坐一条小船到波斯舰队去,恳求他告诉波斯王蒂米斯托克利宁愿看到波斯人获胜。希腊人准备退逃,以他们目前的惊恐状态,毫不费力就可轻取希腊,摧毁希腊人。波斯人得到讯息,大批军队立刻登陆普斯塔利亚岛①,与比雷埃夫斯②港口正相对,准备对波斯沉船施救,或者杀死漂到那里的希腊沉船上的士兵。临近子夜,部分波斯战舰沿阿提卡海岸移动,战舰向东北绵延直到萨拉米斯海岬;这样,希腊人不经血战艰难撤退到萨拉米斯地峡。希腊的统帅们连夜展开激烈讨论,蒂米斯托克利被联盟委员会唤回,被他放逐的对手阿里斯蒂德告诉他希腊同盟军已被包围,毫无退路。蒂米斯托克利三言两语告知阿里斯蒂德他早有安排。一艘从波斯舰队逃来的泰尼亚人驾驶的小船证实了蒂米斯托克利的说法,但由于消息是从阿里斯蒂德口中传出去的,人们很难相信。希腊盟军准备开战,天

---

① 普斯塔利亚岛,萨罗尼克海湾的一个无人居住的岛屿。——译者注
② 比雷埃夫斯,古希腊阿提卡地区的港口城市,位于雅典城区,城市西南七英里处便是萨罗尼克海湾。——译者注

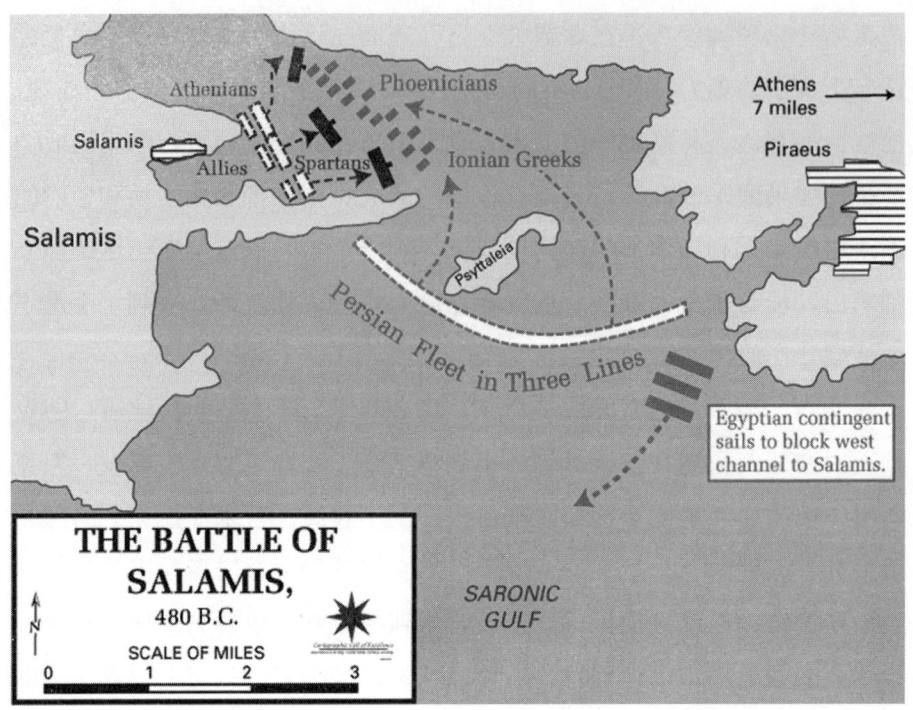

萨拉米斯海战示意图

刚破晓,蒂米斯托克利面向全体船员——而非各路首领发表讲话,列出各种可能激发男人斗志的作战动机,无论是崇高的还是卑鄙的,恳求他们为崇高的目标而战斗,将他们送上战舰。

清晨,薛西斯一世坐上随从为他抬着的御座登上艾格莱厄斯①山的一条支脉,查看他的奴隶们是如何为他而战的。希腊人出海、波斯蛮人前往应战时天色尚早,据埃吉那人讲,一艘战舰派往他们居住的岛,恳求英雄艾厄克斯和他的儿子们协助作战。他们开始犹豫,而后又起了冲突。这时人们看到一个女人的身影,她扯着嗓子高喊道:"勇士们,你们还要退缩多久啊?"所有希腊官兵都听到了。

---

① 艾格莱厄斯,希腊阿提卡地区的一座岩石山,位于雅典以西,埃莱夫西纳的东南方向,萨拉米斯岛以东,比雷埃夫斯的东北方向。——译者注

第7章 薛西斯一世入侵希腊

战斗已打响,雅典人发现他们的对手是腓尼基人,他们的船翼朝西面向埃莱夫西纳城,爱奥尼亚人面朝东面的比雷埃夫斯港口,面对的是伯罗奔尼撒人。除了本次海战的大致布局和战事外,希罗多德承认他对这次著名的海战实际上无从知晓,他相信希腊人的纪律和命令决定着战事的发展,但也许还有一个事实:波斯人准备了一整夜而雅典人和希腊盟军则足眠而醒,清晨又接受了蒂米斯托克利慷慨演讲的感召,之后才登上战舰。但值得注意的是,波斯人此次在萨拉米斯的战斗要比在阿尔忒弥斯战役中勇猛得多,波斯军中的爱奥尼亚人也很少扬帆而去,事实似乎说明希腊人对阿里斯塔格拉斯发起的暴动中斯巴达人和雅典人的擅离职守依然心存怨恨。另一方面,传说在战斗进行中,腓尼基人告发爱奥尼亚人摧毁了他们的战舰,背叛了他们的船员,但爱奥尼亚人很高兴此事很快被澄清,薛西斯一世军中的一艘萨摩斯人和色雷斯人共用的战舰上的希腊人很快证实了爱奥尼亚人的忠诚。薛西斯一世怒气冲天,下令砍掉腓尼基人的头颅。如果此次告发真实存在,以腓尼基海员的品性看,他们所言并非空穴来风。同样一个事件有各种说法,而且互相冲突,这很奇怪,而有些事件中的冲突说法却能不证自明。据雅典人说,阿得曼托斯,这个"大无畏之人"[①],战斗一开始便带着他的臣民惊慌逃走,一路远去。突然,不知从哪里来了一艘小船,船上的人们大声喊道:"哈!阿得曼托斯,你卑鄙无耻,抛弃了希腊人,他们正在战场杀敌,完成夙愿。"阿得曼托斯一开始不相信,船上的人继续说如果他们说了谎,宁愿跟着他回去直到战死。阿得曼托斯调转船头,回到战场,却发现大局已定。关于此次海战,科林斯人断言他们冲在最前面,并且他们的说法得到了其他希腊人的证实。以上两种说法可能都是错的。

---

① 他名字的含义。——原注

不过，正像马拉松战役一样，无论战场上发生了什么，整个事件是清晰可见的。希腊人摧毁了波斯舰队，杀死了薛西斯一世的一个哥哥，一位波斯海军司令。希腊这边损失较小，波斯人的损伤主要归因于他们不会游泳，他们最大的一次损伤发生在第一次试图逃走时出现了混乱。阿里斯蒂德乘波斯人混乱，率大批重装步兵登上普斯塔利亚岛，将进攻的波斯人全部歼灭。希腊人将损伤的战舰拖至萨拉米斯海岸，为下一场战斗做准备，等待薛西斯一世率领剩余的战舰来犯。但希腊人害怕的事并未发生，薛西斯一世一大早登上他的御座，坚信在他的眼皮底下，波斯海员将攻无不克。然而，这些波斯兵竟然败了，他立刻断定这些士兵毫无价值。如果事实果真如故事流传的那样，战斗的当晚腓尼基人因恐惧薛西斯一世的愤怒，乘船逃到亚洲，那么这位波斯王就有足够的理由灰心丧气。假如没有这些勇猛的水手，要在海上进行作战，想想都觉得荒唐。薛西斯一世要用剩下来的战舰去完成一项更加迫切的任务：守卫达达尼尔大桥。

　　薛西斯一世明确表示达达尼尔大桥的安全是他返回亚洲家园的保障。他命令从阿提卡带一个信使到萨拉米斯，这也许骗得了别人，但骗不了马多尼奥斯。马多尼奥斯得知这位信使已经出发，他带来的讯息被骑兵一个接一个地传送到索萨的各个城门。这些讯息很快将把胜利的呼喊与欢唱变成哀悯国王的哭喊与憎恨马多尼奥斯的愤怒，因为他才是祸根。如果马多尼奥斯明白，除非作为获胜的征服者，否则他将永无希望再回波斯，也许他早就想到自己成功的机会将大幅提高，因为这位懦弱的薛西斯一世虽然还有足够的手段避免后来的灾难，但他却绝望地举起了双手。马多尼奥斯很清楚居鲁士二世征服亚洲靠的是什么，他志得意满，坚信波斯大军到处播撒着辉煌的声名。如果波斯人失败了，军队中的那帮乌合之众应当担责，他们阻碍了波斯人的胜利。如果薛西斯一世给他三十万兵断后，马多尼奥斯将毫不犹豫，发誓取得征服希腊的胜利。

蒂米斯托克利克定地指挥萨拉米斯海战

薛西斯一世的哥哥阿里巴宾斯战死

萨拉米斯海岸上的战斗

这样的建议对一个在恐惧中颤抖的暴君来说是天赐良机。但按希罗多德所说，薛西斯一世却把这项任务交给了唯一支持他的女人，一个附庸城邦的女主人阿尔特米西亚一世①，哈利卡那索斯②的女王，这里也是我们的历史学家希罗多德的出生地。阿尔特米西亚一世与薛西斯一世的意见一致，薛西斯一世回到索萨是一件极其重要的事，如果马多尼奥斯及其部下战败被杀，只不过损失了一大帮被奴役的苦工而已。无论阿尔特米西亚一世给薛西斯一世出了什么主意，毫无疑问的是，她并没有给出理由。薛西斯一世很明白，阿尔特米西亚一世也一定心知肚明，如果将马多尼奥斯留下，就得将波斯帝国仰赖的勇猛将士归其统帅。这种

阿尔特米西亚一世

---

① 阿尔特米西亚一世，古希腊哈利卡那索斯城邦的女王，公元前480年臣服于波斯阿契美尼德王朝，归卡里亚的波斯总督统管，曾与薛西斯一世结盟。——译者注
② 哈利卡那索斯，现土耳其境内的一个古希腊城市，位于爱琴海克尔梅湾的加里亚地区的西南面，城市里的哈利卡那索斯陵墓闻名世界。——译者注

第 7 章 薛西斯一世入侵希腊

说法让我们对另外一些场合中对阿尔特米西亚一世的描述产生了疑惑。在萨拉米斯战役之前的同盟大会上,如果她明确反对任何海上作战,那她就是在挑战波斯王的威严,就像战败后她又鼓动薛西斯一世撤退一样。如果阿尔特米西亚一世的建议是出于这样一种观点:埃及人和帕姆菲利亚人与其他地方来的海员没什么两样,是良人手下的恶仆,她的言论不只是诽谤,更是侮辱,因为这在当时的确与事实不符。还有一种说法更加扑朔迷离,传说萨拉米斯海战期间,一位雅典船长追逐阿尔特米西亚一世的船。这位船长急于活捉阿尔特米西亚一世,想得到一万德拉克马①的赏钱。据传言,希腊人无比愤怒,连一个女人都来攻击雅典。阿尔特米西亚一世眼下只有几艘战舰,她跳到卡林迪亚人的船上击沉了它,这样,追赶她的人以为她的战舰是一艘希腊船。阿尔特米西亚一世也可能背弃了波斯人,转而追打其他战舰。薛西斯一世一听说阿尔特米西亚一世击沉了一艘希腊战舰,就高声说道:"男儿竟像女流,女流胜似儿男!"关于这则奇怪的故事,我们只需知道卡林迪亚船员并没有全被歼灭,其他一些战舰显然看到她逃跑了。我们不能说所有人都被她的花招欺骗,也无法证明有谁勇于或怒于公开谴责此事。

实际上,从薛西斯一世战败于萨拉米斯到他进入撒尔迪斯,大多相关记述都倾向于美化希腊人而羞辱波斯王的懦弱和凄惨,甚至已经到了肆无忌惮的程度。事件的梗概已很清楚,也不难理清这些历史事件。希腊人发现波斯战舰要逃走就立刻追赶,但希腊人一直追到安德罗斯岛也没见到波斯舰队的影子,于是希腊联盟大会在安德罗斯岛召开,下令放弃追赶波斯人。传说第二天蒂米斯托克利急切地敦促希腊同盟舰队直接驶向达达尼尔海峡,摧毁那里的大桥,切断薛西斯一世返回亚洲的要道。欧里比亚德斯指出将薛西斯一世困在欧洲的企图很愚蠢,那样会使他在

---

① 古希腊银币。——原注

绝望中寻求强大,而离开欧洲则可避免让他继续在此作恶。蒂米斯托克利听后只好作罢。

故事——也许是另一个故事中还提到,由于计划落空,蒂米斯托克利决心赢得波斯独裁者的好感,他再次派希金诺斯为信使,去告诉薛西斯一世说他费了很大力气才使希腊人改变了急忙去达达尼尔海峡烧毁大桥的决定。这个故事对他个人历史的影响是灾难性的。不过,抛开这方面不说,薛西斯一世也许得掂量一下这个消息的真实性,毕竟,一个孩子被火烫过之后才能学会怕火。薛西斯一世采用过蒂米斯托克利送给他的讯息,结果波斯舰队大败,对这次送来的信息定会狐疑且存有芥蒂,因为第一次信息的致命错误会在他记忆中留下深刻的烙印,不会因时间的流逝而冲淡。我们尤其要注意,切断薛西斯一世退路的想法甚至根本就没有出现在蒂米斯托克利的脑子里,只要马多尼奥斯统帅三十万大兵留守在阿提卡,继续他的主子薛西斯一世已放弃的事业。

为了拦截一个悲惨的逃亡者而分散雅典兵力,致使希腊盟军无力阻抗强大的敌人,这种行动无异于疯狂。然而,没有人对蒂米斯托克利这种愚蠢的想法提出控诉,他本人也没有再提出类似的计划,也就没有再给欧里比亚德斯提供反对他的把柄。

数天之后,马多尼奥斯在塞萨利平原筛选精兵,决心带领这支武装力量征服希腊,否则血洒疆场。然而,在他恭送薛西斯一世之前,一位来自斯巴达的信使命令这位波斯王为列奥尼达一世的被杀出庭受审,为其犯下的罪行赎罪。薛西斯一世听后哈哈大笑,指着身边的马多尼奥斯说:"他将留在这里赎罪。"波斯王轻易地选定了他的替罪羊,但他被告知自己是杀人犯,必须为所犯罪行付出代价。被斯巴达人传唤之后,薛西斯一世便陷入了悲惨的深渊。

据说,薛西斯一世的军队连续四十五天沿路行进直到达达尼尔海峡。成千上万的士兵死于饥渴、疾病和寒冷。一些士兵也许靠沿途地里的庄

第 7 章 薛西斯一世入侵希腊

稼才活下来,其余的被迫以枯草、残叶或树皮果腹,饥荒与疾病齐袭。这样,穿越达达尼尔海峡进入欧洲八个月之后,薛西斯一世再次来到达达尼尔大桥,却发现大桥因暴风雨摧毁已破败不堪,不能使用。这位亚洲君王带着他的残兵败将乘坐小船渡过海峡,很多士兵长期饥饿之后突然暴食丧命,剩下的人更少了。这就是希罗多德关于薛西斯一世撤退的真实记录。但值得注意的是,他从自己称为假象的一些说法中提取了素材。比如,薛西斯一世在斯特里蒙河口的伊昂城乘船向亚洲逃亡,船被暴雨掀翻,导航员告知他除非减轻船上的人数,否则没有生还希望。薛西斯一世转向船员,告知他们真实情况,船员们向薛西斯一世敬以军礼,而后跳入大海。船靠岸登陆后,薛西斯一世给导航员戴上了一顶金质王

一名希腊轻装盾牌兵与一名波斯持矛盾牌兵

冠，作为挽救他性命的奖赏，而后又把他的头颅砍下，为跳海丧命的船员谢罪。

希罗多德宣称这个故事不可信，因为薛西斯一世肯定会撤下一些腓尼基人从而挽救相应数量的波斯船员。总之，他拒不承认薛西斯一世在伊昂城乘船渡海的故事，就算他知道埃斯库罗斯戏剧中关于波斯人在斯特里蒙渡海的故事，也不可能承认这样华丽的故事。异常的寒冷使水流潺潺的斯特里蒙河过早结冰，波斯船员可以在冰面上安全走过，但太阳一出来冰面即刻解冻，成千上万的士兵跌入河中。这样的说法站不住脚，仅一夜之间，冰面就可以形成且能承载众多士兵的重压，以斯特里蒙河口的地理纬度与气象条件看，这完全不成立。这个故事只是基于这样一种假设：波斯人疯狂逃窜以躲避后面的追兵，但事实上并没有追兵，伊昂城多年来一直就是波斯人的要塞。重要的事实是，这一时期有很多故事，况且希罗多德也不信，我们当然也要看看他本人的故事是否可信。

当薛西斯一世谋划侵犯欧洲的丰功伟业时，想必要准备庞大军队的进路，也要防患军队撤退时不被成群的希腊奴隶们吞噬。仓库里囤满了军粮，西行远征的路上还要强迫当地居民缴贡以养护军队。而这些有关薛西斯一世撤退的故事中丝毫没有提及这些巨额储备，也没有提及当地居民被勒索的情况。但薛西斯一世没有带走任何囚犯，还留下马多尼奥斯统帅的三十万大军保障他的安全撤退。可这些故事却告诉我们，波斯王的军队一路进犯，要么靠掠夺生存，要么死于饥荒，无人起来反抗他们的抢劫和掠夺。薛西斯一世可以一路信心十足地将其恶行托付于希腊人的宽宥。

关于阿尔塔巴努斯的行动记述更加重要。他率六万精兵护送薛西斯一世到达达达尼尔海峡。一旦送走波斯王，阿尔塔巴努斯立刻表现得像个男人，能很好地守住阵地，根本不需让手下搞什么小动作就完全可以抵挡希腊人的一切进攻。在这里我们没有听到什么以草和树根充饥、倒

第7章 薛西斯一世入侵希腊

地饿死的事,反倒发现他们有意待在原地直到来年春天马多尼奥斯在彼奥提亚调动军队。无论薛西斯一世遭遇了什么,他个人的处境并非一帆风顺。萨拉米斯胜利及波斯舰队仓促撤退的消息引发了希腊境内一些殖民地区的暴动,这些暴动就发生在波斯王经过这些地区到达达达尼尔海峡之后。阿尔塔巴努斯决定惩罚暴动者。

阿尔塔巴努斯先包围、攻占了乔基迪克人居住的奥林索斯城,而后封锁了科林斯人的殖民地波蒂戴阿。但在波蒂戴阿的行动因发生意外事件而受挫,损失严重,但这些损失并未影响到他统领军队的效率。总之,阿尔塔巴努斯的统军经历证明撤退中的薛西斯一世并未落魄到在缺食少水中带着阿拉伯车船苦命奔波的境地。

整个冬天,希腊人到各个城市募资,或自愿或强迫,在安德罗斯岛蒂米斯托克利要求岛民必须出资,因为雅典人在两大神明的指引下来到这里,一个是需求,一个是忠诚①。安德罗斯人拒绝了,抗辩说他们也有两大神明,一个是贫穷,一个是无助,这两大神明长久以来与他们相随,他们还说雅典恐怕永远无法驾驭他们的无能为力。雅典人围攻安德罗斯岛失败,证实了岛民先前的预言。

蒂米斯托克利继续封锁。为防止征款失败,他胁迫其他的岛屿整体上缴税款,募集了大量钱财而不告知其他首领,中饱私囊。可以说,尽管他和他的代理人可能保守秘密,但没有谁能挡住受害人的嘴,雅典人在希腊联盟中也不那么受欢迎,他们不会对蒂米斯托克利侵吞财产、滥谋私利的罪行装聋作哑。

一年的辛苦结束了,接下来要祭献各路神灵,感谢他们一年来的恩赐,还要对联盟中表现好的城邦和个人进行犒劳和奖赏。三艘波斯战舰分别被祭献在萨拉米斯城、苏尼翁和萨拉米斯地峡。德尔斐享有第一个胜利果实,那里要竖立一座雕像。所需财物已经送达,塑像高十二腕

---

① 希腊人称之为皮索,一种能产生服从与信任的力量。——原注

尺①，手握一艘波斯军舰模型的舰首。人性善恶的问题在萨拉米斯地峡的正式投票中得以体现，所有的将军都把首席的位置投给了自己。如果不是所有人，至少也是大部分人把第二的位置投给了蒂米斯托克利。他们剥夺了这位雅典将军的显赫地位，但他们的虚荣并未影响到斯巴达人，他们给了蒂米斯托克利之前无人享有过的至高荣誉。欧里比亚德斯作为希腊联盟的头领，荣获了一座银质王冠，同样的奖赏也颁给了蒂米斯托克利，褒奖他无与伦比的智慧和机敏。斯巴达人用最美丽的战车——斯巴达公民的圣物——送蒂米斯托克利出城，并选出三百名斯巴希泰人护送他到泰耶阿。

---

① 腕尺，古代使用的长度单位，大约在 444 毫米至 529.2 毫米之间，是基于一个人的前臂长度计算的，从中指指尖到胳膊肘的末端。——译者注

第 8 章
雅典联邦制的形成

精彩看点

马多尼奥斯与雅典人修好——斯巴达人的警觉——波斯人第二次攻占雅典——斯巴达军队起程前往阿提卡——马多尼奥斯与阿尔戈斯人达成联合——马多尼奥斯蹂躏阿提卡、火烧雅典——马多尼奥斯退守彼奥提亚——阿塔吉诺斯盛会——希腊盟军进军普拉提亚——波斯统帅马西斯提奥斯之死——希波之间疲于战事——雅典人准备战事——普拉提亚战役——波斯营遇袭——收藏战利品——普拉提亚人荣获特权——阿尔塔巴努斯撤军——围攻底比斯——希腊舰队驶向萨摩斯——波斯舰队退守麦凯莱——麦凯莱海战——焚烧波斯舰船——斯巴达人希望摆脱战争困扰——希腊盟军会师达达尼尔——围攻塞斯托斯——阿塔克斯总督之死——希腊盟军远征塞浦路斯——拜占庭沦陷——雅典联邦制形成——希波战争彻底终结马多尼奥斯对薛西斯一世许下的誓言以可怕的灾难而告终。只要希腊人同仇敌忾，铁腕抗敌，马多尼奥斯的军队就不会有任何取胜的机会，至少雅典和斯巴达的公民目前朝气蓬勃，士气高昂，渴望战斗。马多尼奥斯同样清楚他成功道路上的种种阻碍。纵观全局，马多尼奥斯显然始终在竭尽所能力挽狂澜。如果决定权在雅典人手里，希波之间那场关键的海战就会发生在阿尔忒弥斯，而不是在萨拉米斯。马多尼奥斯看清了一个事实：他成功道路上的真正障碍是雅典。这促使他采取了行动，包括痛苦的自我牺牲，这是希庇亚斯前往西吉昂以来波斯军队所遭受的各种损失之后的又一次痛苦抉择。诚然，报复雅典的欲望是促使薛西斯一世进犯欧洲的最大动机之一，但马多尼奥斯现在没有时间执行薛西斯一世那充满盲目复仇激情的命令。他派马其顿将军亚历山德罗斯出使雅典。如果他们愿意成为波斯王的朋友而不是仆人，波斯王不仅愿意赦免他们的抗逆之罪，还愿意赠还他们自己的土地，他们可以选择自己的领土范围，可以重建波斯人烧毁的所有神殿。

波斯人改弦更张的消息引起了斯巴达人的高度警觉。他们到处散布消息说，雅典人和米底亚人要将多里斯人逐出伯罗奔尼撒半岛，他们还立刻派使节出使雅典，向他们保证，只要战争继续，只要雅典人坚决抵抗马多尼奥斯，斯巴达将保护雅典人的家园。斯巴达人的担忧无人理会。

有人恳请马其顿王子去给马多尼奥斯传话，只要太阳在天空中运转，雅典人就不会与波斯王休战。与此同时，斯巴达人因忽略了雅典人的真实想法而备受指责，他们说："即使拿全世界所有的金子，也不能诱使我们帮米底亚人奴役希腊，即便我们愿意，我们也不能这么做。希腊民族与我们同血脉、共语言，我们拥有同样的神殿，信奉同样的神，我们享有同样的祭拜仪式和生活方式，雅典人永远无法背离这些。感谢你们的善意，但我们要坚持战斗，竭尽所能避免给你们增添麻烦。我们唯一的祈求是，请全速派出你们的军队，因为马多尼奥斯知道我们违背他的命令后一定会马上进犯我们的领土，我们要阻止他踏入我们的疆域。"接下来发生的一系列事件却与这幅美丽的场景很不协调。雅典人的答复刺激了伯罗奔尼撒人，他们决定重修萨拉米斯地峡的城墙，可修好以后他们漠不关心、玩忽职守的老一套又恢复了。斯巴达首领克伦布罗托斯受到一次日食的惊吓，带领军队撤退到斯巴达，紧接着就暴毙了，他的儿子帕萨尼亚斯①被任命为将军，帕萨尼亚斯同时也是他的侄子，即列奥尼达一世小儿子的贴身侍卫。

  马多尼奥斯面临的局面比薛西斯一世时要好得多。他是统帅，又善于管理，和他交好的那些希腊人似乎很热衷他的事业，他的智慧体现在他对目标的沉稳把控。他下定决心要打败雅典人，恰如薛西斯一世下定决心要惩罚他一样。波斯人再次踏进雅典时，雅典人有可能退却，如果他尽心保护雅典城，就能获得雅典人的信赖。马多尼奥斯决定实施他的计划，他越过阿提卡边界，雅典士兵再次急忙将他们的家人转移至萨拉米斯。这样，在薛西斯一世攻占雅典卫城十个月之后，马多尼奥斯再一次踏进了这座安静而寂寞的城市。原计划派往雅典的使节立刻被解雇，

---

① 帕萨尼亚斯，希波战争中的斯巴达首领，被怀疑与波斯王薛西斯一世密谋，相关文献皆出于修昔底德的《伯罗奔尼撒战争史》。——译者注

第 8 章 雅典联邦制的形成

但一位雅典议员坚持他的消息应该传达给雅典公民,结果被处以石刑,据说还连带了他所有的家人。但故事的另一个版本不仅改换了这位雅典议员的名字,还把事件发生的时间错置到蒂米斯托克利敦促雅典人第一次转移到萨拉米斯的时候。接着发生的事足以证明这个恐怖故事的真假。雅典人派信使去告诉斯巴达人,除非他们立刻接到援助,否则他们一定会想办法逃离现在的困难处境。事实上,雅典人非但没有重复那个"太阳从天上掉下来才会投降"的慷慨激昂的豪言壮语,反倒心安理得地与普拉提亚人及那些做外交使节的迈加拉人发布了谨小慎微的言论:他们真诚渴望希腊安宁,只要能避免就不会与波斯人合谋。

石刑

雅典人对各种指责充耳不闻，斯巴达人正忙于自己的节庆盛典，不愿行动。萨拉米斯地峡的防护墙差不多已修好，城垛已完工，防护石料也已备好，雅典使节要拖延到来时间的话，斯巴达人等得起。十天过去了，这时泰耶阿的奇里奥斯提醒他们，假如雅典人接受了马多尼奥斯提供的条件，他们就会派舰队与他的陆军合作，如果那样，他们的防护墙就不起什么作用了。斯巴达人似乎从来没有考虑到这一点，他们当晚就派帕萨尼亚斯出征，率领五千斯巴达重装步兵，每人至少配有七个希洛人做助手，总共四万大军。

第二天一大早，信使们说他们徒劳等了这么久，雅典人肯定已经和波斯人谈好条件，监督官们接话道："他们走了，已经到了奥里斯坦①，正在赶着去见陌生人呢！"军中的雅典人听到这样神秘的消息很吃惊，便反问道："谁走了？谁是陌生人？"监督官回答道："我们斯巴达士兵已经和他们的助手希洛人出发，总共四万人，陌生人是波斯人。"信使们惊诧不已，急忙带着五千重装步兵从柏里伊赛出发了。

这个故事的流传形式有点混乱，但大体上道出了事实，希罗多德对故事中的神秘色彩做了解释，阿尔戈斯人当时正在履行他们对马多尼奥斯许下的承诺：阻止斯巴达军队离开伯罗奔尼撒，必要时诉诸武力。马多尼奥斯意识到如果雅典人投降或者不与希腊人结盟，他的任务实际上就结束了，他很清楚如果给雅典人施加压力，告诉他们不再毁灭他们的国家，不再烧毁他们的家园，他们就会是最容易对付的对手。不过，如果阿提卡成为战场，烧杀掠夺将不可避免。因此，必须阻止伯罗奔尼撒军队走出萨拉米斯地峡，这对他至关重要。阿尔戈斯人对他的许诺似乎使他确信这个地区不会有什么危险。斯巴达的监督官们知道阿尔戈斯人与波斯人达成协议后，被禁止泄露他们拟定的任何军事计划，也多亏了

---

① 奥里斯坦，古希腊阿卡迪亚地区的一个村庄，西北临近迈加洛波利城。——译者注

第 8 章 雅典联邦制的形成

他们保密,才使各项计划成功实施。阿尔戈斯人给雅典人报信说他们没能阻止斯巴达人离开。

马多尼奥斯意识到他的计划同样会无果而终。顷刻间,所有土地都被他的士兵遗弃,雅典燃起了熊熊大火,所有逃过波斯野蛮人第一次蹂躏的城墙和建筑都被焚毁。然而,在一个不适合骑兵作战的国度里,马多尼奥斯终究战不起,况且如果失败,他将不得不选择狭窄而险要的关隘撤退。于是马多尼奥斯下令撤退,首次踏上迈加拉人的领土,这也是波斯军队所到达的欧洲最西端。马多尼奥斯很快发现自己又来到了底比斯。

在彼奥提亚,马多尼奥斯必须得捉弄一下他那些热心的希腊朋友们。万一失败,对他来说他们的善意将无济于事,只有将周围的土地变成沙漠才能保障他的安全。这样,万一需要,他的军队就可以在基塞隆北面的山脚下找到一块一平方英里的营地作庇护所,他希望靠着那里的防御土墙和栅栏抗击希腊人的袭击。

彼奥提亚城遗址

关键时刻，希罗多德插入了一个广为人知、凄楚的故事。故事讲道：众神指使的盲目和轻率遮住了马多尼奥斯的眼睛，而别人却已预见即将到来的毁灭。这个故事尤其值得注意，因为希罗多德断言他是从彼奥提亚战役之前、阿塔吉诺斯①为波斯将帅们举办的盛宴上的一位客人瑟桑德罗斯那里听来的。

宴会上的其他人都在兴欢作乐，同瑟桑德罗斯坐在一起的那位波斯人说他肯定片刻之后，在座的客人及宴会厅外面驻扎的敌人少有活着的。受到这位波斯人的伤感与泪水的触动，瑟桑德罗斯说这件事必须得让马多尼奥斯知晓，可这位波斯同伴、穆斯林却坚持说命已注定，无法改变。他还补充道："人类承受的所有痛苦中，最可恶而不幸的是眼看着罪恶来临却又无能为力。"就马多尼奥斯的使命而言，这则悲怆的故事既没有表现力也没有意义，用这样一则含糊不清的噩兆来分裂一支力量强大、战备物资丰盈的军队按说该是不可饶恕的罪过。假如同瑟桑德罗斯交谈的那位波斯人有理由或证据向他的长官报告即将发生的事，马多尼奥斯定会倾听和掂量的。但事实是马多尼奥斯既没得到报告，也无法对此做出判断，即便是听到了，他也只能无视这些预兆和眼泪，因为在他看来，所谓的预兆和眼泪只是意志薄弱、心态不佳的表现，别无他由。

斯巴达人和伯罗奔尼撒人组成的希腊盟军从埃莱夫西纳出发。雅典人越过萨拉米斯岛后同他们会合，而后一起向基塞隆山北坡进发。这支希腊盟军进入了驻扎在阿索波斯河北岸的波斯军队的视线，在波斯人中激起了小小的兴奋与警觉。除了佛卡亚人以外，波斯军势头正旺，热情

---

① 阿塔吉诺斯是底比斯寡头领袖之一。据说在第二次波斯入侵希腊的战争中投诚波斯王薛西斯一世。公元前479年的普拉提亚战役不久，他邀请马多尼奥斯及其手下的五十名波斯贵族到底比斯赴宴。于是，希腊联军猛攻底比斯，阿塔吉诺斯逃离城内，但他的儿子们被抓了，斯巴达统帅波塞尼亚斯没有治他们的罪，只是将其他叛军带到科林斯处死。——译者注

第 8 章　雅典联邦制的形成

高涨。无论希腊盟军开始的兵力有多少，新力量的不断加入使他们日益壮大，马多尼奥斯明白将希腊人逐出有利地势已刻不容缓。

命令一下，所有波斯骑兵即刻出发，由马西斯提奥斯统帅，此人以勇闻名。迈加拉人抵挡不住波斯骑兵的猛烈进攻，急忙派人给帕萨尼亚斯送信，请求火速增援，不然必被打垮。然而，即便波斯人骑在马上辱骂希腊人是女人，斯巴达人仍按兵不动。最后，三千雅典人前去增援迈加拉人，马西斯提奥斯的战马被箭射中，马向后仰翻，将他甩落。此时波斯骑兵已后退，准备再次发动进攻。他们还没明白发生了什么，马西斯提奥斯就死在了希腊盟军的乱刀之下。接下来的战斗异常惨烈，最终以雅典人的胜利而告终。马西斯提奥斯的尸体被平放在一辆战车上，刺耳的号啕响彻天空，战车缓缓前行，希腊官兵争相目睹这位波斯将军的遗容。

希腊盟军决定从埃利色雷①向彼奥提亚靠近，那里有更好的水源与扎营条件。他们经过海西埃②来到一片陆地，这片陆地从加加菲亚绵延而下直到英雄安德罗柯瑞茨神殿，在群山凸起处被隔断。尽管希腊盟军与波斯军队不断接近，但双方的战事却因一些神兆而推迟，双方的随军占卜都认为这些神兆对先开战的一方不利。马多尼奥斯只得派骑兵到奥克海兹，即德莱奥斯凯佛雷关隘去。在那里，从伯罗奔尼撒来的人与他们赶着的满载谷物的五百头牲畜走散了。这位波斯统帅终于疲惫至极，担心他的部下受到一些神谕的惊吓，于是召集众将领问话，问他们是否听到过波斯人将在希腊人的领土上战败的神谕。众将官沉默不语，马多尼奥斯便说道："你们不是不知道，就是知道也不敢说，那就让我来

---

① 埃利色雷也拼作 Erythrae 或 Erythrai，爱奥尼亚的十二座城市之一。——译者注
② 海西埃也拼作 Hysiae，阿尔戈斯西南的边防城镇，属于阿尔戈利斯地区。阿尔戈利斯与斯巴达曾经在这里发生过两次战争，第二次战争后被摧毁。——译者注

说吧。有神谕说,踏上希腊领土的波斯人将会掠夺德尔斐神殿,而后被摧毁。然而,我们既不打算触犯神殿里的神,也不打算掠夺神殿,故而我们不会葬身德尔斐。所有对波斯人心怀善意的人都会感到快乐,因为从神谕来看,我们将是征服者,我们明天就开始战斗!"按希罗多德所讲,马多尼奥斯说完这些,便开始亲自宰杀牲畜献祭,相信如果宰杀的牲畜发出叫声,说明进攻德尔斐的传言不足为信。

希罗多德在其描述的这些故事中掺入了一系列生动的画面。第一幅画面再现了马其顿将军亚历山德罗斯在寂静的深夜独自骑马到雅典人的前哨,要求雅典将领们出来搭话,告诉他们马多尼奥斯的决定后,还报上了自己的姓名。然而,亚历山德罗斯几乎没有必要自报身份,至少阿里斯蒂德还记得此人,他在不久前还作为马多尼奥斯的信使来见过他们,恳求他们屈从于薛西斯一世,就像现在恳请他们继续作战一样。亚历山德罗斯的警告尽管充满善意,但颇显多余,因为希腊人已经观察十多天,对波斯阵营的一举一动都了如指掌,只要波斯人发现了他们,战斗将会即刻开始。在第二幅画面中,希罗多德认为当时斯巴达人帕萨尼亚斯请求与雅典人互换阵地,就是后来雅典人遭遇波斯大军的马拉松阵地。然而帕萨尼亚斯尚未和波斯人打过交道,自然不会了解波斯人的作战模式。这一交换起了作用,不过,马多尼奥斯明白以后将计就计,也调换了他对军队的布置,迫使斯巴达人调头又回到右翼作战。这个故事显然是后期编造的,目的是褒扬雅典人。从阿尔忒弥斯、萨拉米斯到瑟莫皮莱,斯巴达人勇战波斯人,英勇的列奥尼达一世和他的精兵强将曾三次迫使惊恐的薛西斯一世逃离座驾。如果斯巴达人被迫承认雅典军力的优势,雅典人就会受到褒扬,需要编造一些不会引起斯巴达人抵触的故事,而且假如把互换阵地的事说成是真实发生过,那故事一定是真实的。正像我们现在知道的,很可能没几个斯巴达人听到过这个故事。斯巴达人并未听到对他们而言唯一重要的事实——他们地处右翼。他们也懒得打听,

第8章 雅典联邦制的形成

因而有必要将故事描述成发生在黎明前。故事被设定在马多尼奥斯打算第二天开战之时，送信人就必须出现，也就有必要编造一个深夜骑行的亚历山德罗斯。

第十二天，波斯与希腊可能确实在普拉提亚展开了战斗。作战前一天，不知出于什么原因，希腊的骑兵并未出现，希腊军队遭到波斯骑兵的冲击。第二天一早形势已很明朗，必须转移阵地。希腊阵地前面的阿索波斯河对他们向来无益，波斯射手手中的箭完全控制着河水区域，迫使希腊人从离普拉提亚两英里半的加加菲亚获取饮水资源，但那里的溪水也被波斯战马污染到令人窒息。不过，在普拉提亚到加加菲亚的中途有一个地方叫"岛屿"，地处两条小溪之间，一条名叫奥罗伊的小河从基塞隆山蜿蜒而下，分流到两条溪水里。这里有丰足的饮水资源。波斯

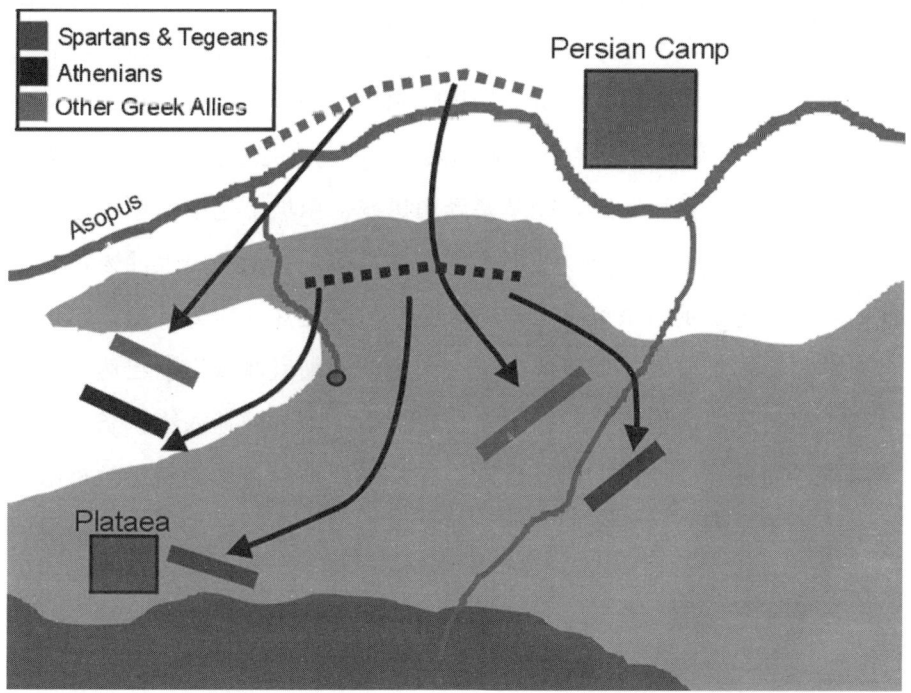

普拉提亚战役示意图

骑兵不仅无法从背后袭击他们，前面的小溪也能保护他们免受波斯人袭击，于是希腊统帅们决定当天晚上就转移军队。然而，出于矛盾或恐惧，希腊盟军中的伯罗奔尼撒人没有向"岛屿"方向撤退，而退向普拉提亚，致使斯巴达人也跟着他们后撤。这次撤退计划遭遇了意想不到的阻力。斯巴达将领阿姆佛雷托斯①双手举起一块巨石，声称他反对这个懦弱的退缩计划。辩论持续到深夜，荒废了大好的夜色，天已破晓，帕萨尼亚斯筋疲力尽，终于下令撤退。斯巴达人撤退到尽可能靠近基塞隆山势高的地方，雅典人则沿平原前行。阿姆佛雷托斯随后也跟着撤退，但他们的撤退波斯阵营看得一清二楚，波斯骑兵奋起追赶。

对于波斯统帅马多尼奥斯，众神的惩罚之手不可谓不重。希腊人竟然投向塞萨利的名门望族——拉里萨②的索勒克，这暴露了希腊人的懦弱，马多尼奥斯却一向认为希腊人勇敢而受人敬仰。不过，他认为自己的错判可以原谅，不可原谅的是阿尔塔巴努斯对雅典人心生恐惧，而且薛西斯一世也一定听说了此事。如果阿尔塔巴努斯收到或听到这些恐吓的话，那当天他后来的行为就很容易解释了。马多尼奥斯不再顾虑重重，立刻率军渡过阿索波斯河，朝基塞隆山进发。山坡上迤逦的斯巴达士兵可能已被发现，不待下令，波斯人便紧跟马多尼奥斯向山上冲去，好像他们来的目的就是屠杀束手无策的逃犯。帕萨尼亚斯压力陡增，急忙派人求助山下的雅典人，但雅典人正在山下与波斯人激战。斯巴达人与泰耶阿人形势危急，他们只顾自卫，伤亡惨重，因为波斯人用柳条织成隐身盾牌，而后开弓放箭，箭无虚发。帕萨尼亚斯痛苦地望着赫拉神殿，祈求天后不要彻底放弃他们。他的祈祷得到了回应，士兵的死伤情况即刻好转。泰耶阿人向前猛冲，斯巴达人紧随其后。激烈交战后，波斯人

---

① 阿姆佛雷托斯是斯巴达将领，普拉提亚战役中希腊联军中的斯巴达首领。率军击溃了波斯军队。——译者注
② 拉里萨是古希腊塞萨利地区最大的城市。——译者注

第 8 章 雅典联邦制的形成

的柳条盾被击垮,野蛮的侵略者战败,但波斯人依然英勇抵抗。双方靠近时,波斯人攥住希腊人的长矛,折断他们的矛尖,但他们没穿铠甲,又纪律松懈,单打独斗,最终战败被杀,马多尼奥斯最终命丧战场。波斯人的亚麻束腰短袍终不敌希腊人的铜制铠甲,他们慌忙逃回营地,躲在木墙后面,以为此举可以幸免于难,但很快他们就绝望了。

斯巴达人打包围战的无能名声在外,他们向来抗敌不力。激战之后,讲求谋略的雅典人找到了突破口,泰耶阿人首当其冲。希腊盟军像洪水般涌进波斯驻营。波斯人绝望至极,像鹿躲狮子一样疯狂逃窜。希腊人大开杀戒。据说二十六万波斯兵剩余不足三千,而希腊盟军死亡仅一百五十人。显然双方的死亡数字都不可信,因为决战之前的一系列战事表明希腊盟军每日伤亡惨重,拿最后的胜利来颂扬自己,这形同东方虚荣的夸张。

马拉松战役以来的希腊事业终于完美谢幕!希腊各城市英雄迭出,群星闪烁!雅典人吹嘘德克利亚①的索芬斯曾用一只铜锚勾住敌人,而后将他们击倒。斯巴达人对阿里

斯巴达盾牌兵

---

① 德克利亚是古希腊阿提卡北部地区的一个古老的村庄,这里有一条连接雅典与尤碧耶的贸易航线。——译者注

斯托达莫斯嗤之以鼻。他曾遭厄运，没能参加瑟莫皮莱的战斗，打起仗来就像是不愿活着回去似的。战争结束后最突出的人物当属斯巴达领袖帕萨尼亚斯，有人曾敦促他将马多尼奥斯的尸体钉在十字架上来报复波斯人对列奥尼达一世尸体的羞辱，帕萨尼亚斯回应说那种做法更适合野蛮人而非希腊人，平原上波斯人已经尸横遍野，足以为列奥尼达一世洗雪羞耻。

战争胜利了，希腊人成了无限财富的主人，泰耶阿人将马多尼奥斯喂马用的铜制马槽献给了雅典阿莱亚神殿，其余令人眼花缭乱的战利品如帐篷、马车及金质的酒杯器皿，全部被收缴入库。希洛人设法藏匿了大量戒指、手镯和金饰品，据说埃吉那人从他们手里购买了这些饰品，因此积攒了大量财富，这已众人皆知。薛西斯一世留给马多尼奥斯的那些耀眼的家什在帕萨尼亚斯看来倒是一种强烈的反差：波斯人的盛会华宴与不远处另一张桌子上拉科尼亚人的简朴食物。帕萨尼亚斯让他的属下将这一教训牢记于心，奢华贪婪的马多尼奥斯愚蠢之至，他竟然来抢夺希腊人可怜的食物。

帕萨尼亚斯下令在普拉提亚人的阿古拉①祭献拯救之神宙斯，庆祝希腊盟军的伟大胜利。普拉提亚现在正式摆脱与彼奥提亚所有的联盟关系，普拉提亚人的领土不容侵犯，希腊盟国誓言要联合起来，防止任何其他侵略者入侵普拉提亚领土。他们颁布了维持战争军力的法令，并决定在普拉提亚举行年度联盟集会。现在希腊人终于敢有摧毁波斯大军的想法，甚至也可以进犯他们。

马多尼奥斯之所以对阿尔塔巴努斯发出威胁可能与战斗中发生的一些事有关。马多尼奥斯似乎至少剥夺了阿尔塔巴努斯协助他管理军队事务的一些权力，因此阿尔塔巴努斯给部分士兵下达密令，让他们只跟着

---

① 即露天集市。——原注

第 8 章 雅典联邦制的形成

他，紧跟他的行动。战斗一开始，他便口传命令让这些人跟他一起投入战斗。看到马多尼奥斯刚有失败的迹象，他便带着这队人急速策马逃走，穿过福基斯荒野到了塞萨利。塞萨利的首领们盛情款待了他，急切地向他打探彼奥提亚那边的战事。阿尔塔巴努斯害怕他们一旦知道真实情况后，后果可能难以预料，就回答塞萨利人说他被紧急派往色雷斯，还假装恳请他们以同样的热情款待随后即至的马多尼奥斯。在前往马其顿和色雷斯的途中，阿尔塔巴努斯损兵折将，但他的确把大部分随从士兵带到了拜占庭，并从那里回到亚洲。阿尔塔巴努斯的表现很好地向他的波斯主子证明了他的能力，因此薛西斯一世让他当了达斯基利昂①的总督。

战斗过后十一天，希腊盟军出现在底比斯的城门之下，他们要求底比斯市民投降，为底比斯在战争中的中立行为负责。底比斯人拒绝了，于是希腊盟军对他们实施封锁，毁坏他们的土地。到了第九天，在帕萨尼亚斯的威逼下，底比斯人答应投降，只要斯巴达人放弃底比斯全体公民已经批准支付的补偿款。这条建议毫无意义。有罪在身的阿塔吉诺斯逃跑了，但帕萨尼亚斯拒绝惩罚被他遗弃的孩子们，而把其他底比斯降民带到科林斯地峡全部杀死。

得知波斯舰队在萨拉米斯战役中严重受损，蒂米斯托克利便敦促他的国民急速赶赴达达尼尔，但他需要解释清楚此次行动的意图，因为马多尼奥斯当时已在阿提卡广布兵力。马多尼奥斯第二次攻占并焚毁雅典之后已经退回到彼奥提亚，而且已经有一支希腊盟军在追赶他，这支希腊盟军完全有能力对付这位波斯统帅。住在亚洲的爱奥尼亚人仍在请求支援抗击波斯，希腊盟军正派舰队前去救援。在萨摩斯，斯巴达统帅利奥提希德②接见了一些爱奥尼亚使节，他们向统帅保证波斯人已军心涣

---

① 达斯基利昂位于安纳托利亚半岛西以北、达达尼尔海峡东南。——译者注
② 利奥提希德是斯巴达统帅，参加了斯巴达国王克里昂米尼一世率领的第二次埃吉那远征，后被流放。——译者注

散，他们压根儿不适合海战，根本不是希腊海军的对手，早晚得投降。这些使节还说只要见到西部的希腊族亲就是对居住在亚洲的希腊人最大的鼓舞。利奥提希德问说话的使节叫什么。"人们都叫我海基斯特拉托斯。"[①] 这位斯巴达统帅兴奋无比地说："我接受你名字的寓意，请你向我们保证萨摩斯人会真诚对待我们。"使节们爽快答应了，于是希腊舰队驶向萨摩斯，在萨摩斯岛南端停下来。波斯舰队司令为避免应战，决定让所有船员上岸，去加入泰格雷尼斯的军队，冬季以来他一直率领重军把守在爱奥尼亚。

于是，波斯舰队向大陆进发，离那里仅有十英里的距离。波斯舰队司令让船队靠近麦凯莱山下的海岸，用坚固的木桩将船固定在防卫石墙后面，这些木桩是防备被持续围困时用的，他相信这样的排兵布阵会战胜希腊舰队。波斯人的撤退自然使希腊人燃起了希望和鼓起了勇气，备好了登陆的舷梯与踏板，希腊舰队即刻驶向麦凯莱。

希腊舰队靠近海岸，已经和波斯舰队一样，停靠在同一海岸边。利奥提希德命令一个嗓门高的传令官对爱奥尼亚人喊话，恳求他们在即将到来的战斗中不要为波斯暴君作战，而为自由勇敢作战。

也许是喊话激起了人们对波斯将领们的怀疑。命令一下，萨摩斯人立刻被解除了武装，利奥提希德一面派人将他们带走，一面派米利都人把守通向麦凯莱山的各条道路。波斯人已经采取预防措施，此时正拿着柳条编成的盾牌藏在树篱后面等待希腊人进攻呢。这些防护用具在普拉提亚马多尼奥斯的军队中也曾使用过。雅典人沿最平坦的陆地接近大海，斯巴达人则奋力爬向麦凯莱山。波斯人就像在普拉提亚战役中一样勇敢，他们配得上居鲁士二世战士的英名。但在这两场战斗中，他们面对的是秩序井然、军纪严明的精锐军队。雅典人尤其卖力，他们想在斯

---

① 军队首领。——原注

第 8 章　雅典联邦制的形成

巴达人到来并肩作战之前就取得胜利。激战过后,波斯人的防护石墙被攻破,雅典人蜂拥而入,但波斯人依然顽抗,不过最终被逼至掩护他们舰船的木桩和石墙根前。即使退到这些木桩和石墙后面,他们依然顽强拼杀,但雅典人的刚强意志和铁血纪律冲破了这条防线。波斯人惊恐逃窜,但仍有一些在顽抗,舍命阻止这些冲破防护石墙、勇往直前的钢兵铁甲。此时,斯巴达人已加入战斗。那些被解除了武装的萨摩斯人倒在了波斯人的尸体之上,他们很可能是捡了死者身上的武器才招致杀身之祸的。据说,波斯人打算万一战败就在麦凯莱山上自掘壕沟,葬身他乡。这样的地势让山下毫无补给,遭到围攻的军队只有死路一条。但波斯人从来没有遭遇到这样的困境,他们非常信任米利都人,米利都人为他们引路下山,遇到希腊兵便大开杀戒。麦凯莱海战就这样惨烈告终。据说,这与马多尼奥斯和他的波斯部下兵败普拉提亚恰好是同一天。另外,据说希腊人准备投入战斗时,军中突然谣言四起,说希腊同族在彼奥提亚即将获胜,而那些信使官们则跑到海滩边去查实事情的真伪。普拉提亚的战斗一早就开始了,而麦凯莱的战斗到下午才开始,若参加彼奥提亚战斗的海员从彼奥提亚海岸乘船来到麦凯莱海岸,完全来得及。这种巧合的奇迹总会让人欣喜,就像西西里城邦的革隆在希迈拉①痛击迦太基人之时,碰巧也是薛西斯一世在吉兰尼亚坐在御座上见证萨拉米斯海湾战争希望破灭之际。

波斯战舰变成一片火海。希腊人带着斩获来的战利品,包括一些波斯人的随身积蓄,驶向萨摩斯。这里出现了一个严重的问题,它决定了未来雅典历史的发展方向:居于亚洲的爱奥尼亚人再一次发起暴动,反抗波斯征服者,那欧洲的希腊人怎样来保护他们?在伯罗奔尼撒的首领们看来,这完全超出了他们的能力范围,尽管他们给出了一个解决办

---

① 希迈拉是古希腊在西西里殖民地的重要城市。——译者注

法：把这些亚洲的希腊人迁至塞萨利和彼奥提亚已经丧失的中间地带。雅典人对这样的计划全然不能接受，他们不能忍受抛弃爱奥尼亚人，将他们丢进波斯野蛮人的嘴里，希腊盟军竟然用这种方法对待一个雅典的附庸国，雅典人行使了否决权。

雅典人的反对恰恰为斯巴达人提供了他们想要的借口。斯巴达人正想抽身退出，不愿再参与此事。这样，雅典人就留下来保护他们的爱奥尼亚族亲，用他们最大力量抗击波斯。萨摩斯人、基安人、莱斯博斯岛人及其他岛民立刻宣誓效忠，同雅典结成永久同盟，为未来的雅典海军帝国打下了牢固基础。

希腊舰队从萨摩斯起程向东进发，他们要去执行一项特殊任务，在波斯王到达达尼尔西岸之前将那里的大桥摧毁。但到了达达尼尔之后，他们才知道暴风雨已经掀翻他们打算摧毁的大桥，他们此行已毫无用处。在利奥提希德看来显然已无事可做，但对雅典人而言此事又当别论。波斯人征服加里波利半岛①以来，已经逼迫占有者雅典人交出他们所有的财产，而雅典的后人又急于想恢复曾经失去的财产。雅典人不可能不明白主宰此处贸易通道的重要性。这些通道地处希腊西部与多瑙河、黑海的产粮地带之间，但只要波斯人驻守着塞斯托斯，雅典人的宏伟规划就无从实现。

据说雅典人无比怨恨阿塔克斯总督。薛西斯一世从亚洲踏入欧洲之时，阿塔克斯曾恳求薛西斯一世将一座房屋作为礼物赠给他，他说房屋的主人英雄普罗泰西洛斯因进犯波斯边疆已被杀死。亚加亚人入侵希腊、进行复仇时，是普罗泰西洛斯首先踏上了亚洲的领土，他的住所是神殿，周围是神圣的禁地，而阿塔克斯总督却玷污了这座神殿。正是由

---

① 加里波利半岛位于东色雷斯的南部地区，属于土耳其的欧洲部分，西面是爱琴海，东面是达达尼尔海峡。加里波利是希腊名字的意大利语拼写形式，意指"美丽的城市"。在古代，这里以色雷斯半岛而著称。——译者注

第 8 章　雅典联邦制的形成

于这个罪过，他驻守的塞斯托斯遭到封锁，他对此毫无准备，但顽抗守城，雅典将领们不得不向部下保证绝不放弃攻城才暂时稳住希腊军心。然而，波斯人的丧钟已然响起，塞斯托斯城内不断有人饿死，阿塔克斯带着卫戍军队趁夜色逃出城外，但没逃多远就遇上雅典人拦截。一阵厮杀过后阿塔克斯战败，被带回塞斯托斯。他表示愿意交出那所赠屋里藏着的一百塔兰特，并追加二百塔兰特赎金，为玷污希腊英雄普罗泰西洛斯的神殿而赎罪。但神殿的主人伊莱奥斯城里的人们却只想让他以命赎罪。

雅典首领们对阿塔克斯弃之不顾很可能是违心的。阿塔克斯最终被带到达达尼尔坍塌的大桥最西头，或许是被带到了麦迪托斯城边的小山上，眼睁睁看着自己的儿子被乱石砸死，他自己则被悬挂在一块木板上，在回望自己快乐的时光中慢慢饿死。普罗泰西洛斯足以雪耻。雅典舰队带着掠来的金银财宝，浩浩荡荡，凯旋还乡。他们把坍塌的达达尼尔桥上的缆绳也带了回去，供奉于各大神殿，以纪念这次无限荣耀的胜利。

诸事未毕，还不能说波斯野蛮人已被赶回亚洲。塞斯托斯已沦陷，但拜占庭、多锐斯克斯、斯特里蒙河畔的伊昂城及爱琴海北岸的许多地方依然由波斯人驻守。普拉提亚战役后，帕萨尼亚斯作为希腊联盟舰队的首领，率二十艘伯罗奔尼撒战舰和三十艘雅典战舰奔赴塞浦路斯，收复了岛上的大部分地区，而后驶向拜占庭。

在拜占庭，帕萨尼亚斯遭遇了同在塞浦路斯一样的顽抗，但拜占庭最终沦陷，斯巴达此时在希腊联盟中占了上风。但公平地说，斯巴达现在所处的联盟首领地位是被推上去的，而非有意谋得的。斯巴达没有像雅典人蒂米斯托克利那样的政治领袖，能抓住黄金机遇。斯巴达的将军们中出现了他们自己最大的敌人，帕萨尼亚斯的背叛行为彻底疏离了亚洲的希腊群体，他们现在看得很清楚，必须找一个真正的靠山，不是斯巴达，而是雅典。

雅典肩上的使命立即将其推向统治希腊世界的征途，但结出雅典帝国硕果的一系列事件属于雅典帝国的历史，而此时随着塞斯托斯和拜占庭的沦陷，希波战争的伟大斗争史实际已经结束。

　　波斯的贡品采集者们自然不能在亚洲的希腊城市里往来穿梭，波斯船队也不能在爱琴海上自由输送贡品了。也许少数偏僻的要塞仍有波斯人驻守，但征服欧洲不再是波斯王心中的壮景，而只是他们自欺欺人的幻觉而已。雅典人的意志和精神，辅以斯巴达人的刚强和铁纪，挫败了波斯帝国的野心。野蛮的波斯独裁妄图通过征服世界而将人类的智慧和自由束缚在他们奴隶制度的死结中，他们终究受到了正义之神的惩罚。

专有名词英汉对照

Persian	波斯人
Nineveh	尼尼微
Babylon	古巴比伦
Media	米底亚
Cyrus	居鲁士
Iran	伊朗
Lydia	吕底亚
Egypt	埃及
Aegean Sea	爱琴海
Agbatana	埃克巴塔那
Memphis	孟菲斯
Euxine Sea	黑海
Herakles	赫拉克勒斯
Byzantion	拜占庭
Athens	雅典
Herodotus	希罗多德
Sestos	塞斯托斯
Peisistratids	庞西特拉图
Solon	梭伦
Euphrates	幼发拉底
Hellenes	海林斯人
Persian Wars	波斯战争
Sparta	斯巴达
Aryan	雅利安人
Phratria	胞族

Polis	城邦
Attica	阿提卡
Theseus	忒修斯
York	约克
Bristol	布里斯托
Sheffield	谢菲尔德
Birmingham	伯明翰
Primary assembly	公民大会
Scythia	塞西亚
Athênê	雅典娜
Neith	尼斯
Assyrian	亚述人
Olympia	奥林匹亚
Pytho	皮托
Delos	提洛岛
Nemea	奈迈阿
Thucydides	修昔底德
Peloponnesos	伯罗奔尼撒
Persephonê	珀尔塞福涅
Eleusis	依洛西斯
Erebos	幽冥暗夜
Astyages	阿斯提阿格斯
Harpagos	哈尔帕哥斯
Deiokes	迪奥塞斯
Phraortes	弗拉欧尔特斯
Kyaxares	基亚克萨雷斯
Alyattes	阿律阿铁斯
Labynetos	雷比尼托斯
Syennesis	赛恩奈西斯
Nabopolassar	波帕拉萨
Nebucadnezzar	尼布甲尼撒
Medizers	米底亚同族人
Fars	法尔斯
Farsistan	法尔西斯坦
Shiraz	锡拉兹
Pasargadai	帕萨格达
Persepolis	珀赛波利斯
Zagros	扎格罗斯
Elbruz	埃尔布鲁兹
Suliman	萨里曼

专有名词英汉对照

Hala	哈拉
Pergamos	别迦摩
Atys	阿蒂斯
Adrastos	阿德拉斯托斯
Delphoi	德尔斐
Phoibos Apollon	福玻斯·阿波罗
Gyges	迦吉士
Kambyses	冈比西斯
Ktesias	克泰夏斯
Lakrines	莱克瑞恩斯
Lakedaimonians	拉基忒摩尼人
Paktyas	帕克蒂斯
Sousa	索萨
Karians	卡里亚人
Sennacherib	赛纳克里布
Tigris	底格里斯河
Bel	拜尔
Gyndes	金德斯
Araxes	阿拉克塞斯
Xenophon	色诺芬
Tomyris	托米丽斯
Syênê	赛伊尼
Bokhara	布哈拉
Baktria	巴克特里亚
Semiramis	塞米拉米斯
Mesopotamia	美索不达米亚
Niagara	尼亚加拉
Nubia	努比亚
Semneh	赛姆内
Semitic tribe	闪米特部落
Bedouin	贝都因
Minos	迈诺斯
Rhadamanthys	拉达曼迪斯
Aiakos	艾亚哥斯
Pharaoh	法老
Psammitichos	普萨姆提克
Camps	坎普斯
Milesians	米利都人
Kanopic	坎诺皮克
Tauros	托勒斯

Naukratis	诺克拉提斯
Azotos	阿佐托
Ashdod	阿什多
Nekos	尼科
Judæa	犹达阿
Phenicia	腓尼基
Sinai	西奈
Palestine	巴勒斯坦
Josiah	约西亚
Magdolon	迈多伦
Megiddo	迈奇多
Kadytis	凯迪缇斯
El Khoddes	埃尔·科迪兹
Kirkesion	柯凯逊
Carchemish	卡克米什
Apries	阿普里伊
Hophrah	霍夫勒
Barkè	巴卡
Kyrênê	卡勒奈
Amasis	阿玛西斯
Samos	萨摩斯
Polykrates	波利克雷蒂斯
Amoun	阿蒙
Oasis	奥埃西斯
Lebanon	黎巴嫩
Carmel	卡梅尔
Arados	阿拉多斯
Sidon	西顿
Berytos	贝里托斯
Beyrout	贝鲁特
Byblos	比伯勒斯
Tripolis	特里波利
Tripoli	的黎波里
Massalia	马萨利亚
Marseilles	马赛
Alalia	阿莱利亚
Gades	加第斯
Hannibal	汉尼拔
Smerdis	斯默迪斯
Prexaspes	普里萨斯佩斯

专有名词英汉对照

Bouto	博托
Otanes	欧塔涅斯
Hystaspes	希斯塔斯佩斯
Dareios	大流士
Megabyzos	迈格比佐斯
Behistun	贝希斯敦
Gomates	高墨达
Zoroaster	琐罗亚斯德
Zopyros	佐比勒斯
Oroites	奥里蒂斯
Talent	塔兰特
Mysian	迈西亚人
Demokede	迪莫基兹
Kroton	克罗坦
Atossa	阿托莎
Milon	米隆
Miltiades	米提亚德
Datis	达蒂斯
Artaphernes	阿特弗尼斯
Bosporos	博斯普罗斯
Danube	多瑙河
Istros	伊斯特洛斯
Mytilene	米都安
Kôês	戈留什
Oaros	欧勒斯
Histiaios	希斯缇艾厄斯
Kymei	凯米
Aristagoras	阿里斯塔格拉斯
Rameses	拉米西斯
Sesostris	塞索斯特里斯
Cheronesos	克伦尼索斯
Myrkinos	米勒基诺斯
Paionian	佩奥尼亚人
Corinth	科林斯
Kambounian Mountains	坎伯尼群山
Great Greece	大希腊
Megalê	梅加尔
Magna	麦格纳
Carthage	迦太基
Sicily	西西里

Tanais	塔内斯
Trapezous	特拉皮瑟斯
Sinôpê	西诺沛
Sardinia	撒丁岛
Rhone	罗纳
Iberia	伊比利亚
Doros	多勒斯
Ion	伊奥
Aiolos	艾厄勒斯
Hellen	赫楞
Hellespont	达达尼尔
Graioi	葛莱伊
Græci	葛莱西
Peneios	沛尼厄斯
Ossa	奥萨
Olympos	奥林匹斯山
Tempe	坦佩
Thessaly	塞萨利
Pindos	品都斯
Tymphrestos	蒂姆菲拉斯托斯
Othrys	奥西里斯
Malia	马里安
Pagasaia	帕格赛亚
Pelion	皮立翁
Magnesia	迈格尼夏
Spercheios	斯波奇厄斯
Oita	耶特
Thermopylai	瑟莫皮莱
Aitolian	艾托利亚
Akarnanian	阿卡南
Parnassos	帕纳索斯
Helikon	海利考
Kitharion	基塞隆
Phokis	福基斯
Boiotia	彼奥提亚
Parnes	帕尼斯
Phylê	费勒
Rhamnous	拉姆纳斯
Marathon	马拉松
Aigiplanktos	艾吉普兰科特斯

专有名词英汉对照

Geraneia	吉兰尼亚
Akrokorinthos	阿克罗柯林斯
Achaia	亚加亚
Taygetos	忒吉特斯
Tainaros	泰纳罗斯
Maleai	迈里埃
Kythera	基西拉
Krete	克利特
Thrace	色雷斯
Euboia	尤碧耶
Lokris	洛克里斯
Saronic	萨罗尼克
isthmus of Panama	巴拿马地峡
Horn	合恩角
Euripos	欧里珀斯
Lars Porsena	拉斯·波西那
Etrusca	伊特拉斯卡
Euboian sea	尤碧耶海
Messênê	迈锡尼
Argos	阿尔戈斯
Xerxes	薛西斯
Thyrea	提里亚
Malean	梅林
Thornax	索纳克斯
Zarex	扎勒克斯
Eurotas	厄洛塔斯
Dorian	多里安
William the Conqueror	征服者威廉
Normans	诺曼王朝
Doric	多利安式
Herakles	赫拉克勒斯
Aristodemos	阿里斯托达莫斯
Spartiatai	斯巴希泰人
Perioikoi	柏里伊赛人
Helots	希洛人
Homoimoi	霍米米
Hypomeiones	希波米安尼斯人
Krypteia	柯锐波提
Oinos	依诺斯
Strymon	斯特里蒙

Amphipolis	安菲波利斯
Chalkis	乔基斯
Eretria	埃雷特里亚
Megara	迈加拉
Propontis	普罗庞蒂斯
Kroton	克罗坦
Sybaris	锡巴里斯
Thourioi	萨瑞欧
Siris	锡瑞斯
Taras	泰勒斯
Metapontion	麦特庞逊
Korkyra	科尔基拉
Koruphô	科卢沃岛
Corfu	科孚岛
Epeirotai	伊庇鲁斯人
Chonian	科尼恩人
Thesprotian	泰斯普罗提亚人
Molossian	摩罗西亚人
Illyrian	伊利里亚人
Makedonian	马其顿人
Scottish Highlanders	苏格兰高地人
Ionia	爱奥尼亚
Chalkidikê	乔基迪克
Thermaic	塞尔迈
Aktê	阿克忒
Athos	阿陀斯
Lemnos	利姆诺斯
Sithonian	锡索尼亚
Olynthos	奥林索斯
Torônê	托勒奈
Potidaia	波蒂戴阿
Pallenian	帕里尼
Nine Roads	九条路
Edonia	伊顿尼亚
Sestos	塞斯托斯
Megara	迈加拉
Chians	基恩人
Tyrrhenian	第勒尼安人
Ida	艾达
Granikos	格朗尼克斯

专有名词英汉对照

Marmora	马莫拉
Kaïkos	凯克斯
Gargaros	噶格罗斯
Temnos	泰莫斯
Pelekas	派莱克斯
Elaiatic	艾莱亚提克
Sipylos	希波勒斯
Tmolos	茂勒斯
Hermos	赫莫斯
Sardeis	撒尔迪斯
Paktolos	帕克托勒斯
Smyrna	士麦那
Phokaia	佛卡亚
Kaÿstros	盖斯特洛斯
Messogis	迈斯欧吉斯
Ephesus	以弗所
Maiandros	门德洛斯
Latmian	莱特米安
Selênê	塞勒涅
Endymion	恩底弥翁
Abydos	阿比多斯
Rhodes	罗得岛
Halikarnassos	哈利卡那索斯
Mykalê	麦凯莱
Plataia	普拉提亚
Mardonios	马多尼奥斯
Kroisos	克洛伊索斯
Lykian	利基人
Kilikia	基利吉亚
Thetes	底底斯
Hektemorioi	海克特末利
Bushel	蒲式耳
Great Council of Areiopagos	大议会
Pediaian	庇底亚人
Lykourgos	吕库古
Paralian	帕拉林人
Alkmaionid	埃尔克梅尼德人
Megakles	梅格科
Akropolis	阿克罗波利斯
Naxos	纳克索斯岛

Hippias	希庇亚斯
Hipparchos	希帕克斯
Harmodios	哈默迪丝
Aristogeiton	亚里士托吉坦
Sigeion	西吉昂
Chersonesos	克伦尼索斯
Oloros	奥洛勒斯
Lampsakos	兰普塞克斯
Phalerian Plain	法勒朗平原
Kleomenes	克里昂米尼
Skamandros	斯凯曼德罗斯
Isagoras	伊萨格拉斯
Kylon	基伦
Demaratos	德马拉托斯
Pythia	皮提亚
Demos	戴默斯
Sosikles	索锡科斯
Kypselos	库普塞罗
Periandros	佩里安德
Aristagoras	阿里斯塔格拉斯
Myrkinos	米勒基诺斯
Hekataios	赫克忒乌斯
Branchidai	布兰奇戴
Myous	米乌斯
Leonidas	列奥尼达
Adriatic	亚得里亚海
Kybêbê	基比比
Salaminian	萨拉米斯人
Labranda	拉布兰达
Pythagoras	毕达哥拉斯
Ladê	莱德
Dionysios	狄奥尼修斯
Aiakês	艾克斯
Chian	基安人
Lesbian	莱斯博斯岛人
Gallipoli	加里波利
Protesilaos	普罗泰西洛斯
Elaious	伊莱奥斯
Ampê	安佩
Chalketon	乔基坦人

专有名词英汉对照

Kardia	卡尔迪亚
Tenedos	忒涅多斯
Elaious	伊莱厄斯
Mardonios	马多尼奥斯
Akanthos	阿卡索斯
Aiginetan	埃吉那人
Themistokles	蒂米斯托克利
Styx	斯蒂克斯河
Aigeus	埃吉乌斯
Kolchian	科尔基亚人
Medeia	美狄亚
Karystos	卡里斯托斯
Aristides	阿里斯蒂德
Neokles	纽考斯
Oliver Cromwell	奥利弗·克伦威尔
Warren Hastings	沃伦·黑斯廷
Pheidippides	菲迪皮茨
Pevensey	佩文西
Plataians	普拉提亚人
Hymettos	哈梅托斯
Pentelikos	彭特利科斯
Kallimachos	卡利马乔斯
Sounion	苏尼翁
Parmes	帕尔梅斯山
Sakian	萨基亚人
Aigilia	伊吉利亚
Æschylos	埃斯库罗斯
Kynegeiros	基尼吉罗斯
Daimones	戴蒙斯
Arderikka	阿德里卡
Kissians	基西亚人
Andros	安德罗斯岛
Timo	蒂莫
Dêmêter	戴莫蒂
Perikles	伯里克利
Xanthippos	克山提波斯
Kimon	基蒙
Lesbian	莱斯比亚人
Pausanias	帕萨尼亚斯
Syracusan	锡拉丘兹

Argennoussai	阿津诺塞
Metoikoi	梅蒂基人
Achaimenes	阿切米尼斯
Aleuadai	阿卢阿戴
Artabanos	阿尔塔巴努斯
Agamemnon	阿伽门农
Zeus	宙斯
Kappadokia	卡帕多基亚
Kritalla	柯里塔勒
Celainai	塞勒纳
Pythios	皮西厄斯
Phrigian	弗里吉亚人
Doriskos	多锐斯克斯
Pamphylian	帕姆菲利亚人
Mantineia	曼提尼亚
Eion	伊昂
Boges	博吉斯
Echedoros	埃基多勒斯
Thermê	瑟迈
Haliakmon	阿利阿克蒙河
Gonnos	戈诺斯
Boreas	玻瑞阿斯
Laureion	劳利昂
Drachmas	德拉克马
Kekrops	凯克洛普斯
Salamis	萨拉米斯
Perseus	珀尔修斯
Poloponnesos	伯罗奔尼撒
Gelon	革隆
Hamilkar	哈米尔卡
Perrhaibian	珀雷宾人
Artemision	阿尔忒弥斯
Oita	伊塔
Anopaia	阿诺沛亚
Anthela	安锡勒
Alpenoi	阿尔佩尼
Gates	盖茨
Hot Gates	霍盖茨
Pylai	皮莱
Chytroi	楷翠

专有名词英汉对照

Pans	潘滋
Gorgo	高尔格
Tegea	泰耶阿
Orchomenos	奥尔霍迈诺斯
Arkadian	阿卡迪亚人
Phlious	弗利乌斯
Mykenai	迈锡尼
Opous	欧珀斯
Thespian	西斯匹亚人
Nemesis	涅墨西斯
Erechtheus	厄瑞克透斯
Oreithyia	俄瑞提亚
Ilissos	伊利索斯
Kasthanaia	卡斯塔尼亚
Aphetai	阿菲提
Sandokes	桑多基斯
Ephialtes	埃菲奥茨
Hydarnes	海达尔尼斯
Megistias	美吉司提亚斯
Dienekes	迪尼克斯
Alpenoi	阿尔佩尼
Eurytos	欧里特斯
Tritantaithmes	柴坦泰思米斯
Eurybiades	欧里比亚德斯
Adeimantos	阿得曼托斯
Argolis	阿尔戈利斯
Karneian	卡尔尼亚人
Troizen	特里真
Akeratos	阿克拉托斯
Plutarch	普鲁塔克
Brennus	布伦努斯
Gauls	高卢人
Sikinnos	希金诺斯
Psyttaleia	普斯塔利亚岛
Peiraieus	比雷埃夫斯
Aigaleos	艾格莱厄斯
Psyttaleia	普斯塔利亚岛
Artemisia	阿尔特米西亚
Halikarnassos	哈利卡那索斯
Kalyndian	卡林迪亚人

Peitho	皮索
Alexandros	亚历山德罗斯
Kleombrotos	克伦布罗托斯
Pausanias	帕萨尼亚斯
Chileos	奇里奥斯
Oresteion	奥里斯坦
Thersandros	瑟桑德罗斯
Attaginos	阿塔吉诺斯
Asopos	阿索波斯
Erythrai	埃利色雷
Gargaphia	加加菲亚
Androkrates	安德罗柯瑞茨
Oak Heads	奥克海兹
Dryoskephalai	德莱奥斯凯佛雷
Oëroé	奥罗伊
Amompharetos	阿姆佛雷托斯
Larissa	拉里萨
Thorak	索勒克
Dekeleia	德克利亚
Sophanes	索芬斯
Agora	阿古拉
Daskyleion	达斯基利昂
Attaginos	阿塔吉诺斯
Leotychides	利奥提希德
Hegesistratos	海基斯特拉托斯
Tigranes	泰格雷尼斯
Himera	希迈拉